GROW SERIES

ALCANZA A TU
MUNDO

UNA GUÍA PRÁCTICA PARA COMPARTIR TU FE

GROW 🌳 SERIES

ALCANZA A TU
MUNDO

UNA GUÍA PRÁCTICA PARA COMPARTIR TU FE

DEDICATORIA

*Al equipo de pastores de First Colleyville, que siguen a
Dios sin descanso y me animan a hacer lo mismo.*

ÍNDICE

iii

CÓMO UTILIZAR ESTE LIBRO

1

SEMANA UNO: VIVIR CON UNA MISIÓN

37

SEMANA DOS: ALCANZANDO

67

SEMANA TRES: COMPARTIR TU HISTORIA

101

SEMANA CUATRO: COMPARTIR LA HISTORIA DE DIOS

131

SEMANA CINCO: QUÉ HACER CON LAS OBJECIONES

169

SEMANA SEIS: TRABAJAR EN TU CAMPO

205

SEMANA SIETE: ROMPER BARRERAS

APÉNDICES

II

UN VISTAZO RÁPIDO A LOS HECHOS

IV

MEMORIZAR LAS ESCRITURAS

VII

INSTRUCCIONES PARA QUE UNO S.I.E.N.T.A. LA VOZ DE DIOS

IX

INSTRUCCIONES PARA O.R.A.R.

XI

CINCO PRINCIPALES

XIII

VIVIR CON UNA MISIÓN: GUÍA DE CAMPO

CÓMO UTILIZAR ESTE LIBRO

Todo largo viaje comienza con un primer paso y en estos momentos te dispones a dar un paso muy importante para aprender a alcanzar a tu mundo con la buena nueva de Jesús. Nada de lo que leas en este libro será una novedad. De hecho, solo me limitaré a transmitirte lecciones que me han enseñado hombres y mujeres de Dios que han invertido en mi vida a lo largo de los años. Es muy probable que ellos hayan recibido ese mensaje de otras personas, por lo que te encuentras al final de una hilera de seguidores de Dios que, de generación en generación, han buscado alcanzar su mundo con el Evangelio de Cristo. Antes de que empieces a leer este libro, quiero destacar algunas características que te ayudarán a sacar el máximo partido a tu experiencia.

Este libro se compone de siete capítulos. En cada uno de estos capítulos, diseñados para ser estudiados en el curso de una semana, se explica un tema fundamental para alcanzar a tu mundo. Podrían escribirse montones de libros y desarrollarse numerosas herramientas para alcanzar a nuestro mundo, pero mi experiencia me dice que estas siete verdades ofrecen la base necesaria para que cualquier seguidor de Cristo empiece a compartir el Evangelio en el lugar donde vive, aprende, trabaja y se recrea. Este es un libro muy práctico, donde cada capítulo se basa en el anterior para centrarse en poner en práctica lo aprendido cada semana.

Podrás observar que cada capítulo está desglosado en seis lecturas diarias, y que el séptimo día se reserva para la oración. Estas lecturas no son demasiado largas y solo te llevarán unos minutos cada día. Cada lectura termina con varias preguntas para reflexionar con el encabezado «TIEMPO PARA REFLEXIONAR». Dedica un momento a responder por escrito estas preguntas. Cuanto más tiempo dediques a pensar en lo que acabas de leer y a anotar tus reflexiones por escrito, más provecho sacarás de cada lectura. También verás al término de cada lectura diaria una sección denominada «TIEMPO PARA PRÁCTICA», donde encontrarás una actividad práctica para ese día que te ayudará a alcanzar tu mundo.

Además, cada capítulo incluye un versículo para memorizar. A lo largo de los siglos, los seguidores de Dios han memorizado las Sagradas Escrituras porque les ayudan a compartir el Evangelio. Te animo a que memorices el versículo de la semana. En el apéndice de este libro encontrarás una guía para memorizar las Sagradas Escrituras de una manera muy efectiva. Algunos versículos parecen largos, pero serán de gran ayuda a la hora de compartir el Evangelio con otras personas.

Por último, deseo animarte a iniciar este camino acompañado de alguien. Siempre aprendemos mejor rodeados de un grupo de personas que persigue el mismo objetivo. Para conseguir mejores resultados, te recomiendo que te reúnas con un grupo de entre dos y cuatro personas para hablar de lo aprendido cada semana y de cómo lo estás llevando a la práctica. Es mejor trabajar en grupo, pues se aprende de las perspectivas de los demás. Podéis orar los unos por los otros. Juntos, podéis hacerse responsables unos a otros a leer la palabra de Dios y a memorizar las Escrituras. Y lo más importante de todo, podéis animaros entre vosotros a seguir a Dios, especialmente cuando vayan las cosas mal. Al final de cada capítulo verás espacios para anotar reflexiones de tu experiencia en el grupo, y además podrás describir alguna acción que vas a realizar como consecuencia de lo que habéis aprendido juntos.

¡Comenzamos!

Craig

TRADUCCIONES DE LA BIBLIA

Reina Valera Revisión 1960 - RVR 1960

VERSÍCULOS SEMANALES PARA MEMORIZAR

SEMANA **UNO**

«Me mostrarás la senda de la vida; En tu presencia hay plenitud de gozo;
Delicias a tu diestra para siempre» (**SALMO 16,11**).

SEMANA **DOS**

«Todos nosotros nos descarriamos como ovejas, cada cual se apartó
por su camino; mas Jehová cargó en él el pecado de todos nosotros»
(**ISAÍAS 53,6**).

SEMANA **TRES**

«Por cuanto todos pecaron, y están destituidos de la gloria de Dios» (**ROMANOS 3,23**).

«Porque la paga del pecado es muerte, mas la dádiva de Dios es vida eterna
en Cristo Jesús Señor nuestro»(**ROMANOS 6,23**).

SEMANA **CUATRO**

«De manera que cada uno de nosotros dará a Dios cuenta de sí» (**ROMANOS 14,12**).

SEMANA **CINCO**

«Jesús le dijo: Yo soy el camino, y la verdad, y la vida; nadie viene al Padre, sino por mí»
(**JUAN 14,6**).

SEMANA **SEIS**

«Entrad por la puerta a estrecha, porque ancha es la puerta y espacioso el camino que
lleva a la perdición, y muchos son los que entran por ella; porque estrecha es
la puerta y angosto el camino que lleva a la vida, y pocos son los que la hallan»
(**MATEO 7,13-14**).

SEMANA **SIETE**

«diciendo: El tiempo se ha cumplido, y el reino de Dios se ha acercado; arrepentíos, y creed
en el evangelio» (**MARCOS 1,15**).

COMPROMISO «VOY A»

Todo aquello que merece la pena exige un compromiso, y lo mismo puede decirse de tu caminar con Dios. Jesús nunca rehuyó de pedir a las personas un compromiso. Cuando convocaba a hombres y mujeres, les decía: «seguidme». Unas palabras que significan literalmente: «seguid mis pasos. Caminad como yo camino». Se trataba de un compromiso para hacer algo. Creo firmemente que no se puede caminar profundamente con Dios hasta que uno se compromete a seguirlo plenamente. A lo largo de las siete próximas semanas, tendrás el desafío de llevar a la práctica lo que estás aprendiendo. Cada semana deberás escribir una frase de acción del tipo «Voy a» que constituya el compromiso de realizar alguna acción que has aprendido esa semana. Ahora que vas a iniciar esta andadura, es el mejor momento para hacer tu primer compromiso «Voy a». Se trata de comprometerse a realizar este camino, a iniciar la andadura y ver qué te tiene preparado Dios. Dedica un momento a reflexionar sobre los compromisos siguientes. Si estás dispuesto a asumir el desafío, ¡marca las casillas y empezamos!

☐ Voy a leer cada día con el corazón abierto y dispuesto a escuchar a Dios.

☐ Voy a reclutar a alguien para que ore conmigo y por mí a lo largo de esta andadura.

☐ Voy a reunirme con mi grupo para crecer juntos.

☐ Voy a hacer lo que se me asigne, sabiendo que ello me ayudará a conocer mejor a Dios.

VIVIR CON UNA
MISIÓN

▶

▶ **VERSÍCULO PARA MEMORIZAR**

«Me mostrarás la senda de la vida;
En tu presencia hay plenitud de gozo;
Delicias a tu diestra para siempre».

(SALMO 16,11)

◀

VIVIR CON UNA MISIÓN

Fuimos creados para dejar un impacto eterno.

Dios no nos salvó para que nos dediquemos a vivir una vida segura, predecible y cautelosa. Nos salvó para dejar un legado de fe que se transmita de una persona a otra, que siga influyendo en las generaciones mucho tiempo después de nuestra muerte. Por experiencia propia, puedo decir que no hay mayor alegría y emoción que ver cómo una persona abraza la fe en Cristo y empieza a caminar con Él de un modo nuevo. Esa es precisamente el llamado de Jesús: el llamado para dejar un legado.

Era la primera hora de la mañana y el sol comenzaba a trepar por las montañas que rodean el lago Genesaret, al norte de Israel. Los pescadores habían estado trabajando toda la noche, pescando con sus redes cuando peces emergían de las profundidades para alimentarse de la superficie del agua. Estos hombres estaban acostumbrados a trabajar toda la noche, alumbrados únicamente por la luz de la luna, pero ya amanecía y acababa su jornada. Estaban limpiando y reparando sus útiles de pesca, arreglando redes, desenredando cables y reponiendo suministros cuando, de repente, vieron Jesús caminando por la orilla.

Por aquel entonces, los pescadores conocían ya muy bien a Jesús. Llevaban más de un año siguiéndolo continuamente. Les encantaba escucharlo predicar y veían admirados los milagros que Él realizaba. En una ocasión, estando con Él celebrando una boda en Caná (a pocos kilómetros del lugar donde estaban trabajando), Jesús convirtió el agua en vino. La multitud gritó estupefacta y, justo en ese momento, se dieron cuenta de que Jesús no era un rabino cualquiera. Era alguien totalmente distinto a cualquiera que hubieran visto con anterioridad.

En otra ocasión, estaban con Jesús cuando fue al templo de Jerusalén para la Pascua Judía. En un arrebato de ira, volcó las mesas donde los cambiadores de dinero del templo estaban cambiando los bienes en efectivo de los fieles por la moneda del templo, una práctica que empleaban para engañarlos. Jesús clamó a voz en grito: «¡la casa de mi Padre es un lugar para la oración, pero la habéis convertido en una cueva de ladrones!»

Jesús tenía autoridad. Sentía pasión. Sobre todo, era evidente que vivía con una misión y nadie le iba a impedir llevarla a cabo. Habían visto a Jesús tratar de igual a algunos de los líderes religiosos más poderosos de Israel, y le habían visto alcanzando a los parias y marginados con compasión y amor. Todas las personas eran iguales a los ojos de Jesús; todos tenían que reconciliarse con su Padre.

«Sin embargo, aquella mañana Jesús se acercó a estos hombres y les dijo: 'Venid en pos de mí, y os haré pescadores de hombres'» **(Mateo 4,19)**. *De hecho, lo que les decía era: «Chicos, si pescar peces os parece genial, veréis lo que se siente al pescar personas».*

Ese día, Jesús estaba invitando a los pescadores a participar en una misión superior. Los estaba convocando. Les animaba a dejar de entregar sus vidas a las cosas mundanas y empezar a vivir con una visión mayor en la mente, con un sentido de propósito mayor. Ese día, les pedía que hicieran algo más que vivir una vida mecánica y empezaran a vivir verdaderamente la vida que Dios había dispuesto para ellos desde el principio: una vida de misión con Él.

Yo no sé en qué punto de tu vida te encuentras. Quizá estés empezando a tener grandes sueños de éxito y riqueza, y de que todo el mundo conozca tu nombre cuando los consigas. Quizá estés viviendo lo mismo día tras día, esforzándote por no ahogarte en un mar de demandas y expectativas que no hacen más que aumentar por momentos. O quizá hayas logrado grandes cosas y ahora te estés preguntando si esto era todo lo que la vida podía ofrecerte. No sé en qué punto de tu vida te encuentras, pero sí sé para qué te llama Jesús.

Jesús te llama para vivir en una misión con Él.

La misma llamada que hizo Jesús a los hombres en el lago aquel día es la que te transmite a ti ahora. Se trata de una llamada para que dejes de preocuparte por cosas temporales y de menor importancia, y empieces a perseguir cosas eternas. Se trata de una llamada para dejar a un lado esa vida con poca visión de futuro y eleves la mirada hacia Su gran visión. Jesús te transmite una llamada de lo más real para unirte a la aventura de vivir con Él día tras día, y ser usado por Él para dejar un legado de fe que seguirá creciendo y transformando las vidas de las personas mucho tiempo después de tu partida.

¿A que suena bien? Pero esto es el reto: ¡te va a costar todo lo que tengas!

Los hombres que escucharon las palabras de Jesús aquella mañana lo dejaron todo: sus botes, sus redes, e incluso a sus padres. Dejaron atrás aquello cuanto conocían para seguir a Jesús, aun sin tener ni idea de a dónde les llevaría. Del mismo modo, la llamada de Jesús significa dejar atrás tu visión del éxito y seguir la visión del éxito de Jesús, que se basa en convertir Su misión en tu pasión.

Piénsalo. Dentro de cien años, a nadie le importará a qué puesto llegaste en tu trabajo, dónde vivías o qué coche conducías. Lo único que importará será lo que hiciste con el Evangelio de Jesucristo y las vidas que afectaste. Si das tus mejores esfuerzo a cosas que no importan de verdad en el gran plan de Dios de la eternidad, habrás malgastado la única vida que has recibido, y habrás desperdiciado la oportunidad de ser utilizado por Dios de un modo significativo y poderoso.

Si entregas tu vida a Jesús y haces de Su misión en la vida tu misión en la vida, Él podrá hacer a través de ti más de lo que jamás hayas soñado. Esos sencillos pescadores hicieron una decisión aquel día y consiguieron cambiar el mundo. ¿Y tú, qué vas a decidir?

TIEMPO PARA REFLEXIONAR

¿Qué personas de las que conoces dirías que viven realmente en una misión para Jesús?

¿Cómo influyen en tu vida?

_____

_____

_____

_____

_____

_____

_____

_____

¿Por qué crees que vivir en una misión con Jesús es necesario dejar a un lado otras aspiraciones?

_____

_____

_____

_____

_____

_____

_____

_____

_____

_____

_____

¿De qué modo estás viviendo por cosas eternas? ¿Y por cosas temporales?

_____

_____

_____

_____

_____

_____

_____

_____

_____

TIEMPO PARA PRÁCTICA

Empieza memorizando el versículo de la Escritura de la semana.

«Me mostrarás la senda de la vida; En tu presencia hay plenitud de gozo;
Delicias a tu diestra para siempre».

(SALMO 16,11)

Lee **(Hechos 1,1-11)**.
Mientras lees no te olvides, que es importante que uno recuerda a los acrósticos **s.i.e.n.t.a.** y **o.r.a.r.**
(Consulta el Apéndice para conocer más detalles.)

TIEMPO PARA ORAR

Pídele al Señor que te dé hoy mismo el deseo de vivir en Su misión.

ANOTACIÓN EN EL DIARIO, DÍA UNO

Selecciona. **I**dentifica. **E**studia. **N**utre tu mente. **T**oma la costumbre de orar. **A**nota aquello que Dios te dice.

_____

_____

_____

_____

_____

_____

_____

_____

_____

_____

_____

_____

_____

_____

_____

_____

_____

_____

_____

_____

_____

_____

_____

Ofrece alabanza. **R**egresa. **A**cude. **R**enuncia.

HAY DEMASIADO EN JUEGO

Para compartir el Evangelio, es necesario saber lo que está en juego.

Joel Hutchinson pugnaba por mantenerse a flote mientras veía cómo se hundía el avión de su padre en el lago Erie. Solo tenía siete años aquella noche en la que sobrevivió al accidente aéreo que acabó con las vidas de su padre y su hermano. Mientras el chico luchaba por no ahogarse en el lago, empezó a orar para que Dios le enviara a alguien que lo ayudase. Y lo hizo.

Chuck Herndon, habitante de la isla, se encontraba en las inmediaciones cuando vio caer la avioneta dentro del lago. Consciente de que debía hacer algo de inmediato, montó en su pequeño bote y remó más de 200 metros hasta el lugar del impacto para sacar al pequeño Joel del agua (Diario 'The Blade', martes 31 de mayo de 2007).

Aquella noche, Chuck tenía una misión. No podía haber nada más importante en juego. Había vidas en peligro. Un niño estaba en verdaderos apuros y necesitaba ayuda. Del mismo modo, unirse a Jesús en Su misión empieza con una carga para las personas alejadas de Dios. En primer lugar, debemos darnos cuenta de que está en juego la eternidad de hombres y mujeres, y de que ahora mismo hay personas orando para que Dios les envíe a alguien que les ayude a encontrar la esperanza y el perdón. Al igual que Chuck decidió aquella noche lanzar su bote al agua y empezar a remar, los hombres y mujeres que siguen a Cristo deciden cada día alcanzar con el Evangelio a aquellas personas desesperadas que vagan lejos de Dios.

Una noche, un visitante se acercó a Jesús para hablar. Había esperado a que oscureciese para que nadie lo reconociera. Al fin y al cabo, era muy conocido por ser un destacado líder en Israel, pues dirigía uno de los consejos más prestigiosos y poderosos del país. Esa noche, quería formular preguntas personales.

Durante esa conversación, Jesús pronunció estas famosas palabras: *«Porque de tal manera amó Dios al mundo que ha dado a su Hijo Unigénito, para que todo aquel que en él cree no se pierda, mas tenga vida eterna»* (**Juan 3,16**). Continuó diciendo: *«Porque no envió Dios a su Hijo al mundo para condenar al mundo, sino para que el mundo sea salvo por él. El que en él cree no es condenado; pero el que no cree, ya ha sido condenado, porque no ha creído en el nombre del unigénito Hijo de Dios»* (**Juan 3,17-18**).

¿Te has percatado de las palabras que utilizó Jesús? Márcalas con un lápiz... ¡Pierda! ¡Salvo! ¡Condenado! Son palabras muy serias. Son palabras de vida o muerte. Jesús era plenamente consciente de que las vidas y los destinos eternos de las personas pendían de un hilo, y de que Su misión era una cuestión de vida eterna o muerte.

Si crees que estoy dramatizando un poco, piensa en cómo describía el apóstol Pablo a las personas que estaban alejadas de Dios: *«En aquel tiempo estabais sin Cristo, alejados de la ciudadanía de Israel y ajenos a los pactos de la promesa, sin esperanza y sin Dios en el mundo»* **(Efesios 2,12)**. Esas últimas palabras me dejan sin habla. Son definitivas. Toda persona que está alejada de Jesucristo está... *«sin esperanza y sin Dios»*.

Lejos de Jesús, no hay vida. Puede que esa persona exista, pero no está viviendo realmente.

En este pasaje, Pablo dijo que en algún momento cada uno de nosotros ha vivido apartado de Cristo y excluido de la ciudadanía de Dios y las promesas de Dios, así como condenados por Dios bajo una montaña de evidencias que apuntan a nuestro propio pecado y descarrío. Todos hemos ofendido a Dios. Hemos infringido Sus leyes. Nos hemos rebelado. Y ahora nos hundimos en las oscuras aguas de nuestra propia pecaminosidad.

El apóstol Juan expone el mismo argumento en **(1 Juan 5,11-12)**: *«Y éste es el testimonio: Que Dios nos ha dado vida eterna, y esta vida está en su Hijo. El que tiene al Hijo tiene la vida; el que no tiene al Hijo de Dios no tiene la vida»*.

Sin Jesús no hay una vida real ahora ni después. Piénsalo por un momento. Las personas alejadas de Dios están verdaderamente condenadas, verdaderamente en peligro y verdaderamente encaminadas a una eternidad sin Dios. El cielo es real. El infierno es real. Y en este momento, sus vidas penden de un hilo.

Fue esta perturbadora realidad la que movió a Jesús a actuar. Cuando toda esperanza estaba perdida, Jesús entró en nuestro mundo, — renunciando a la eternidad y asumiendo la vida temporal — y tomó forma humana para rescatarnos. Soportó la cruz, sufrió nuestro castigo y murió en nuestro lugar para que tú y yo fuéramos perdonados, purificados y devueltos a la hermandad con Dios.

Jesús lo explicó muy sencillamente: *«Porque el Hijo del Hombre vino a buscar y a salvar lo que se había perdido»* **(Lucas 19,10)**. Jesús vino a la tierra en una misión de búsqueda y rescate. Aquellos que aman a Jesús y se unen a Su misión comparten esa misma mentalidad de búsqueda y rescate.

En febrero de 1952, cayó una enorme tormenta azotó la Costa Este de los Estados Unidos que destruyó un barco petrolero en la costa del Cabo Cod. Cuatro miembros de la Guardia Costera de EE UU combatieron las olas de más de veinte metros para rescatar al capitán del barco y su tripulación. En *La hora decisiva*, la película que narra este heroico rescate, uno de los rescatadores dice: *«Tenemos que salir; no tenemos que volver»*.

Jesús inculcó esa misma mentalidad a Sus discípulos. Salieron portando la esperanza del Evangelio, afrontando en ocasiones un gran peligro. Todos menos uno se enfrentaron a una muerte mártir porque no quisieron quedarse callados ante ese tal Jesús que les había cambiado la vida.

Incluso hoy en día hay hombres y mujeres que viajan a países hostiles al Evangelio para decir a la gente de la esperanza que han encontrado en Jesús. ¿Por qué se arriesgan de esa manera? La respuesta es muy sencilla: porque alguien tiene que hablar a los perdidos acerca de Jesús.

En su carta a los romanos, el apóstol Pablo argumenta que nos corresponde a nosotros predicar el mensaje de Jesús: *«¿Cómo, pues, invocarán a aquel en cual no han creído? ¿Y cómo creerán en aquel de quien no han oído? ¿Y cómo oirán sin haber quien les predique? ¿Y cómo predicarán si no fueren enviados? ... Así que la fe es por el oír, y el oír, por la palabra de Dios»* **(Romanos 10,14-15,17)**.

¿Comprendes su lógica? La fe en Jesús se transmite al oir el Evangelio. Sin embargo, para que alguien oye, es necesario que alguien predique. Y para que alguien predique, alguien debe estar dispuesto a ser enviado. Para que las personas de tu trabajo o de tu barrio lleguen a la fe en Jesús, alguien tiene que hablarles de Jesús. Alguien tiene que alcanzarlos. Alguien tiene que preocuparse lo suficiente para hacer algo. Ese alguien eres tú.

Vivir con una misión significa que debemos abandonar esa mentalidad de *«Si hablo de Jesús me marginarán o se reirán de mí»*. Debemos dejar atrás esa preocupación de ser ridiculizados o incluso etiquetados como fanáticos de Jesús. Tú y yo necesitamos la mentalidad de Jesús, que vio el peligro, vio el dolor y szambullo compartio el Evangelio valientemente.

TIEMPO PARA REFLEXIONAR

¿Qué está en juego a la hora de compartir el Evangelio de Jesús?

_____

_____

_____

_____

_____

_____

¿Qué te motiva a hablar a otras personas sobre Jesús?

_____

_____

_____

_____

_____

¿Cuánto te costaría compartir tu fe en Jesucristo?

_____

_____

_____

_____

_____

_____

_____

_____

TIEMPO PARA PRÁCTICA

Repasa el versículo de las Escrituras que debes memorizar esta semana.

«Me mostrarás la senda de la vida; En tu presencia hay plenitud de gozo;
Delicias a tu diestra para siempre».
(SALMO 16,11)

Lee **(Hechos 1,12-26)**.
Mientras lees no te olvides, que es importante que uno recuerda a los acrósticos **s.i.e.n.t.a.** y **o.r.a.r.**

TIEMPO PARA ORAR

Ora para que el Señor te urja a compartir el Evangelio hoy mismo.

ANOTACIÓN EN EL DIARIO, DÍA DOS

Selecciona. **I**dentifica. **E**studia. **N**utre tu mente. **T**oma la costumbre de orar. **A**nota aquello que Dios te dice.

_____

_____

_____

_____

_____

_____

_____

_____

_____

_____

_____

_____

_____

_____

_____

_____

_____

_____

_____

_____

_____

_____

_____

Ofrece alabanza. **R**egresa. **A**cude. **R**enuncia.

MOVIDOS POR EL AMOR

Compartimos el Evangelio movidos por el amor.

Jesús vino al mundo al ver nuestra necesidad desesperada, pero también actuó movido por Su profundo amor por ti y por mí. El amor fue lo que le llevó a la cruz.

Dedica un momento a reflexionar sobre las palabras que Jesús dijo a Nicodemo durante su conversación: **«de tal manera amó Dios al mundo que ha dado a...» (Juan 3,16)**.

Existe una fuerte conexión entre las palabras «*amó*» y «*dado*». Cualquier padre que ame a sus hijos daría lo que fuera para que estén a salvo y bien cuidados. Cualquier marido que ame a su esposa da lo que haga falta para satisfacer sus necesidades.

Existe una fuerte conexión entre amar y dar. Fue el increíble amor que siente Dios por nosotros lo que hizo que entregara a Su propio Hijo para morir en una cruz romana. Fue el inimaginable e implacable amor de Dios lo que Le movió a sacrificar a Su único Hijo por ti y por mí.

Se dice que el amor es la emoción más poderosa. Más intensa que el odio y más poderosa que el miedo. El amor lo supera y lo domina todo. Fue el amor de Dios lo que superó nuestro pecado y nuestro descarrío, y lo que creó un camino para que volviéramos a estar bien con Él. Dios Padre ejemplificaba el amor verdadero.

Cuando observamos la vida de Jesús, vemos que Él también demostraba un amor verdadero. A lo largo de las Escrituras, se expresa que Jesús estaba lleno de compasión **(Mateo 9,36; 14,14; 20,34; Marcos 1,41; 6,34; 8,2; Juan 11,33)**. Quedaba más que patente que las personas eran importantes en la menta de Jesús. Mientras que para las élites religiosas los marginados eran invisibles y prescindibles, Jesús los veía como personas verdaderas con necesidades verdaderas, así como muy valiosas para Dios.

Jesús dedicó gran parte de Su tiempo a los «*vagabundos*» de Su sociedad: los marginados sociales, los discapacitados físicos y los afligidos de espíritu. Nadie quedaba fuera del alcance de Su amor. En cierta ocasión, cuando Jesús contaba a Sus discípulos que marchaba a la cruz, proclamó: **«*Nadie tiene mayor amor que éste, que uno ponga su vida por sus amigos*» (Juan 15,13)**.

El amor movió a Jesús a abrazar la cruz. El amor le arrastró hasta ella y el amor le mantuvo en ella. Hasta ese punto nos ama Dios. De hecho, nos ama tanto que nada podrá separarnos jamás de Su amor **(Romanos 8.38-39)**.

Ahora bien, si Jesús fue movido por el amor para llevar esperanza a un mundo quebrantado, de igual modo el amor debe ser nuestra motivación también. Debo hacerte una pregunta muy importante. ¿Cuánto amas a las personas que están alejadas de Dios? ¿Las amas lo suficiente como para compartir con ellos aquello que más importa?

Hace muchos años, un vecino nuestro perdió su casa a causa de un incendio. Recuerdo ver el humo en la distancia cuando me dirigía a casa desde el trabajo. Pensé: «Debe de estar ardiendo alguna casa. ¡Es horrible! Espero que alguien ayude a sus dueños». Estaba preocupado, pero no actué. A medida que me iba acercando, me fui dando cuenta de que el fuego era en mi barrio. Mi corazón empezó a latir cada vez más deprisa y no dejaba de pensar «¿Y si es mi casa? ¿Y si está dentro mi familia?» De repente, sí que actué. ¿Por qué? Porque me preocupaban las personas a las que amo.

Es muy fácil creer que hay personas perdidas y que viven un infierno sin Cristo y pensar: «Es horrible. Espero que alguien los ayude». Es fácil preocuparse pero quedarse quieto y no mover un dedo. Cuando esa realidad está cerca de nuestra casa, cerca de las personas a las que amamos, con las que trabajamos o con las que compartimos nuestra vida, nos entran las urgencias. Con esa urgencia nos viene la motivación para hacer algo al respecto.

El apóstol Pablo estaba movido por el amor. Junto a Jesús, no se me ocurre nadie más dispuesto a compartir el Evangelio que Pablo. Si le preguntases directamente «Pablo, ¿qué te mueve a compartir el Evangelio de Jesús incluso ante un enorme sufrimiento?» Creo que respondería con una palabra: «amor». Esto es lo que escribió a la iglesia de Corinto.

> «Conociendo, pues, el temor del Señor, persuadimos a los hombres. ... Porque el amor de Cristo nos constriñe, pensando esto: que si uno murió por todos, luego todos murieron; y por todos murió, para que los que viven, ya no vivan para sí, sino para aquel que murió y resucitó por ellos. De manera que nosotros de aquí en adelante a nadie conocemos según la carne; y aun si a Cristo conocimos según la carne, ya no lo conocemos así. De modo que si alguno está en Cristo, nueva criatura es; las cosas viejas pasaron; he aquí todas son hechas nuevas. Y todo esto proviene de Dios, quien nos reconcilió consigo mismo por Cristo, y nos dio el ministerio de la reconciliación; que Dios estaba en Cristo reconciliando consigo al mundo, no tomándoles en cuenta sus pecados, y nos encargó a nosotros la palabra de la reconciliación. Así que, somos embajadores en nombre de Cristo, como si Dios rogase por medio de nosotros; os rogamos en nombre de Cristo: Reconciliaos con Dios. Al que no conoció pecado, por nosotros lo hizo pecado, para que nosotros fuésemos hechos justicia de Dios en él» (2 Corintios 5,11, 14-21).

Pablo empieza dejando muy claro que el amor de Cristo es su fuerza motivatora. Dijo: «el amor de Cristo nos mueve». Pablo estaba plenamente convencido de que Jesucristo murió por nuestros pecados, y de que Él era el único camino para reconciliarse con Dios. En ningún otro había salvación **(Hechos 4,12)**. Pablo admite que en otros momentos de su vida observaba a las personas desde una perspectiva mundana. Solo valoraba a las personas desde la perspectiva de este mundo: dónde vivían, a qué se dedicaban, lo que habían logrado en la vida. Pero ahora veía a las personas desde una perspectiva eterna. Imaginaba a cada persona como alguien destinado a la eternidad.

Este cambio radical de perspectiva modificó por completo la forma de vivir de Pablo. Ya no vivía para sí mismo o para sus objetivos o sueños, sino que estaba plenamente entregado a la misión de Dios de llegar a todas las personas posibles con el Evangelio. Por eso pronunció esta osada frase: «Por tanto, somos los embajadores de Cristo». Todo embajador es enviado con la misión de vivir en un país extranjero y representar a una autoridad superior. Del mismo modo, nosotros tenemos una misión: vivir en una cultura alejada de Dios y transmitir Su amor y gracia a aquellas personas que anhelan esperanza.

De hecho, Pablo decía que cuando hablaba a alguien sobre Cristo, en realidad era el propio Dios quien hablaba a través de él, suplicándole que se reconciliase con Dios **(2 Corintios 5,20)**. Todo embajador tiene la potestad de hablar en nombre de su autoridad; sus palabras deben tomarse como pronunciadas por aquel a quien está llamado a servir. Cada vez que abres la boca y hablas sobre Jesús, Dios hace lo mismo a través de ti. Tus palabras se convierten en las Suyas. El Espíritu habla a través de ti, suplicando a las personas que regresen a Dios.

Piénsalo. Dios te ha enviado como Su embajador para tu barrio. Dios te ha enviado como Su embajador para tu lugar de trabajo. Dios te ha enviado como Su embajador para tu escuela, tu club deportivo, tu organización profesional . Dios te ha enviado ahí para amar a esas personas como Él las ama y para compartir el Evangelio con ellas.

La fuerza más poderosa del mundo es el amor de Dios. Fue el amor de Dios por este mundo lo que Le movió a enviar a Su Hijo, y es el amor de Dios en ti lo que te motivará a compartir la esperanza que posees con las personas que hay en tu vida.

TIEMPO PARA REFLEXIONAR

¿Sueles ver a las personas desde una perspectiva humana o desde una perspectiva eterna?

_____

_____

_____

_____

Piensa en las personas que viven o trabajan junto a ti.

¿Realmente amas a aquellos que no conocen a Jesús?

_____

_____

_____

_____

_____

_____

¿Has sentido que Dios hable a través de ti para acercar a alguien a Cristo?

_____

_____

_____

_____

_____

TIEMPO PARA PRÁCTICA

Repasa el versículo de las Escrituras que debes memorizar esta semana.

«Me mostrarás la senda de la vida; En tu presencia hay plenitud de gozo;
Delicias a tu diestra para siempre».
(SALMO 16,11)

Lee **(Hechos 2,1-13)**.
Mientras lees no te olvides, que es importante que uno recuerda a los acrósticos **s.i.e.n.t.a.** y **o.r.a.r.**

TIEMPO PARA ORAR

Agradece al Señor que Su amor te haya alcanzado.

ANOTACIÓN EN EL DIARIO, DÍA TRES

Selecciona. **I**dentifica. **E**studia. **N**utre tu mente. **T**oma la costumbre de orar. **A**nota aquello que Dios te dice.

_____

_____

_____

_____

_____

_____

_____

_____

_____

_____

_____

_____

_____

_____

_____

_____

_____

_____

_____

_____

_____

Ofrece alabanza. **R**egresa. **A**cude. **R**enuncia.

NO ES UNA OPCIÓN

Compartir el Evangelio es una orden directa.

Ponte en el lugar de aquellos primeros discípulos. Acababan de ver como una guarnición de soldados romanos arrestaba, golpeaba duramente y crucificaba a Jesús. Vieron cómo bajaban Su cuerpo sin vida de la cruz y lo introducían en una tumba prestada. Luego, tres días más tarde, ¡la tumba estaba vacía y Jesús estaba vivo! Seguro que el corazón les latía rápidamente, y sus cabezas se llenaron de preguntas, temores y emociones al mismo tiempo.

Sin embargo, Jesús les ordenó que se reunieran con Él en el monte en Galilea, un lugar donde habían estado muchas veces. Ahí estaban en el monte, escuchando como Jesús les daba Sus órdenes. Les dijo: **«...Toda potestad me es dada en el cielo y en la tierra. Por tanto, id y haced a discípulo a todas las naciones...» (Mateo 28,18-19)**. Me imagino a Jesús, mientras pronunciaba estas palabras, con los brazos extendidos, señalando a las naciones que se veían desde aquella cima. «Id allá y habladles de mí. ... ¡Yo os envío!»

Para aquellos primeros discípulos, la orden de Jesús no podía ser más clara. No tenía nada de ambigua. Jesús estaba ordenando a Sus discípulos que difundieran la palabra. Aquello que empezó como una orden clara se ha convertido hoy en día en una sugerencia opcional no tan evidente. He oído decir que el 95 por ciento de los cristianos estadounidenses nunca han llevado a una persona a la fe en Jesucristo. Si piensas como yo, esa estadística es un golpe muy bajo. ¿Cómo es posible?

Hablar a los demás de Jesús no es algo opcional. En aquel monte, Jesús no expresó una sugerencia, sino que dio una orden: un imperativo divino. Aquello que no sea obediencia es una desobediencia a Jesús.

O dicho de otro modo, y esto puede escocer un poco: es un pecado no compartir la fe. Si eres consciente de lo que Jesús ha hecho por ti, Él te ordena a compartir la esperanza que tienes con aquellos que están perdidos y lejos de Dios; no hablar de ello es un pecado. Es del todo incorrecto. Santiago escribió: **«Y al que sabe hacer lo bueno, y no lo hace, le es pecado» (Santiago 4,17)**.

Jesús proclamó que poseía toda potestad. Por ello, ordenó a Sus seguidores que hicieran discípulos. Y los hicieron. Pero nosotros no. De modo que la pregunta imperante es: «¿por qué?» ¿Por qué tanta gente que se confiesa seguidora de Jesús fallan a la hora de compartir su fe? En algún momento hemos convertido el mandato de Jesús en una mera opción.

¿Por qué la mayoría de la gente piensa que es algo opcional? Porque en el fondo mucha gente se siente incómoda a la hora de compartir su fe en Jesús con sus amigos perdidos. Debo admitir que yo sentía lo mismo cuando era un joven cristiano. La mayoría de los métodos para compartir el Evangelio que conocí en mi juventud eran muy estructurados, forzados o agresivos, o bien de «predicar por las esquinas» o «llamar a las puertas», y yo, al igual que la mayoría de la gente, me siento incómodo con estos métodos. No quería hablar de Jesús como si estuviera vendiendo algún producto de puerta en puerta.

En consecuencia, me limité a quedarme callado la mayor parte del tiempo, pensando una forma de tener conversaciones espirituales, pero sin saber realmente cómo hacerlo. Si te ves identificado con esta situación, tengo buenas noticias para ti. Puedes crear relaciones genuinas y auténticas con tus amigos perdidos. Es posible orientar cualquier conversación hacia Jesús de un modo natural, sin que suene forzado. Puedes contar tu historia de un modo poderoso que lleve con naturalidad a conversaciones espirituales. Puedes ser un testigo activo y efectivo de Jesucristo si estás dispuesto a mostrarte abierto y obediente a los dictados del Espíritu.

A lo largo de las próximas semanas, vas a aprender técnicas excepcionales que te ayudarán y a experimentar la aventura de llevar a las personas a Jesús, pero será necesario que te dejes de excusas y prejuicios para aceptar plenamente el mandato de Jesús. Con frecuencia se nos olvida que cuando compartimos el Evangelio, participamos en un acto de Dios que emocionante y cambia la vida de las personas. De hecho, nos asociamos con el Espíritu de Dios para promover el cambio pleno en la trayectoria de vida de una persona. ¡No hay nada más satisfactorio que eso!

(Filemón 1,6) dice: *«para que la participación de tu fe sea eficaz en el conocimiento de todo el bien que está en vosotros por Cristo Jesús»*. Cuanto más activamente compartamos nuestra fe en Jesús, más apreciaremos todo cuanto Él ha hecho por nosotros, y nos daremos cuenta de que todas las cosas buenas que hay en nuestra vida vienen de Él. Llevar a las personas a Jesús produce un gozo verdadero.

(Proverbios 11,25) proclama que *«El alma generosa será prosperada; Y el que saciare, él también será saciado»*. Jesús nos recordó que todo el cielo celebra cuando una sola persona se arrepiente y viene a Cristo **(Lucas 15,10)**.

Juan, apóstol y mejor amigo de Jesús, dijo: *«No tengo yo mayor gozo que éste, el oír que mis hijos andan en la verdad»*, **(3 Juan 1,4)**. No hablaba de sus hijos biológicos. Hablaba de sus hijos espirituales, aquellos que él había guiado a la fe en Jesús.

Guiar a las personas produce un gozo verdadero. Los cristianos más felices son aquellos que orientan activamente sus conversaciones diarias hacia el Señor. Junto a conocer y caminar junto a Jesús, el mayor gozo en mi vida es ayudar a alguien a establecer una relación con Jesús y ver cómo crece esa relación. En última instancia, es una decisión que debes tomar tú. Debes decidirte a olvidar las excusas o malas experiencias y pedirle a Jesús que te dé la valentía que necesitas para arriesgarte y empezar a hablar.

TIEMPO PARA REFLEXIONAR

¿Te cuesta compartir tu fe en Jesús? Justifica tu respuesta.

_____

_____

_____

_____

_____

_____

_____

_____

_____

_____

_____

_____

_____

¿Por qué crees que la mayoría de los cristianos no comparten su fe?

_____

_____

_____

_____

_____

_____

_____

_____

_____

_____

_____

¿Qué necesitas para ser obediente a Jesús en este apartado de tu vida?

_____

_____

_____

_____

_____

_____

_____

_____

TIEMPO PARA PRÁCTICA

Repasa el versículo de las Escrituras que debes memorizar esta semana.

«Me mostrarás la senda de la vida; En tu presencia hay plenitud de gozo;
Delicias a tu diestra para siempre».
(SALMO 16,11)

Lee **(Hechos 2,14-47)**.
Mientras lees no te olvides, que es importante que uno recuerda a los acrósticos **s.i.e.n.t.a.** y **o.r.a.r.**

TIEMPO PARA ORAR

Pide al Señor que te dé la valentía necesaria para compartir con los demás lo que Él ha hecho por ti.

ANOTACIÓN EN EL DIARIO, DÍA CUATRO

Selecciona. **I**dentifica. **E**studia. **N**utre tu mente. **T**oma la costumbre de orar. **A**nota aquello que Dios te dice.

_____

_____

_____

_____

_____

_____

_____

_____

_____

_____

_____

_____

_____

_____

_____

_____

_____

_____

_____

_____

_____

Ofrece alabanza. **R**egresa. **A**cude. **R**enuncia.

LA VIDA FRUCTÍFERA

Unirse a la misión de Jesús significa vivir una vida fructífera.

La noche antes de su muerte, Jesús pasó un tiempo con Sus discípulos. Compartió Sus últimas palabras con los hombres a los que había amado y dedicado su vida durante más de tres años. Mientras caminaban por un viñedo en la ladera del monte de los Olivos, Jesús hizo un alto y se dirigió a ellos. Levantando un racimo de uvas con la mano, Jesús empezó a hablar de la relación de los discípulos con Él: *«Yo soy la vid, vosotros los pámpanos; el que permanece en mí, y yo en él, éste lleva mucho fruto; porque separados de mí nada podéis hacer. El que en mí no permanece será echado fuera como pámpano, y se secará; y los recogen, y los echan en el fuego, y arden. Si permanecéis en mí, y mis palabras permanecen en vosotros, pedid todo lo que queráis, y os será hecho. En esto es glorificado mi Padre: en que llevéis mucho fruto y seáis así mis discípulos»* **(Juan 15,5-8)**.

Hasta ese momento, habían estado con Jesús noche y día. Habían aprendido a depender de Él y a confiar en Su liderazgo. Confiaban cada vez más en Su consejo y Su protección. Pero pronto todo sería diferente. Pronto, Jesús sería crucificado, resucitado y finalmente elevado al cielo, donde permanecería a la diestra del poder y la autoridad de Su Padre.

Entonces, ¿cómo podían identificarse con Él? Jesús les explicó que del mismo modo que un pámpano permanece vinculado a la viña para poder vivir y dar fruto, los discípulos de Jesús necesitaban mantener una conexión vital con Él, dependiendo de Él para todo. Apartados de Él, se marchitarían espiritualmente. Apartados de Él, no podrían hacer nada significativo. Pero si permanecían en Sus palabras, (escuchando y obedeciendo Sus palabras a diario) y dependían de Él para satisfacer sus necesidades diarias a través de Su espíritu, verían fruto en sus vida, demostrando así al mundo que son Sus verdaderos discípulos, y dando gloria a Dios.

A continuación, añadió: *«No me elegisteis vosotros a mí, sino que yo os elegí a vosotros, y os he puesto para que vayáis y llevéis fruto»* **(Juan 15,16)**. Quizá pensaran que ellos habían elegido a Jesús, pero en realidad Él los había elegido a ellos por una razón: para que pudieran dar fruto duradero.

¿Qué significa vivir una vida fructífera? En definitiva, se refiere a llevar una vida donde se lleve a hombres y mujeres a la fe en Jesús para seguirlo con todo su corazón. Ese es el fruto que perdurará eternamente. Cuando esparcimos la semilla de la Palabra de Dios **(Lucas 8,11)** y cae en corazones abiertos y dispuestos, cambiamos vidas; vidas que perdurarán eternamente en el cielo. ¡Ese es el fruto duradero! Un día, Dios evaluará nuestras vidas para ver si han sido fructíferas con aquello que hemos recibido **(Romanos 14,12; 1 Corintios 3,11-15)**.

De modo que, para cuando llegue ese día, sería sabio detenerse y realizar una pequeña autoevaluación. ¿Estás viviendo una vida fructífera? ¿Estás dando un fruto que perdurará? ¿Se te ocurre alguna persona que esté caminando con Dios ahora mismo gracias a tu influencia?

Mientras piensas en ello, quiero que pienses también en tu propio funeral. Imagina cómo será ese día. Imagina las personas que estarán allí. Imagina lo que dirán sobre ti. ¿Dirán «era buen tipo; jugamos muchos juntos y ganamos un montón de dinero»? ¿Dirán «era una buena mujer y se esforzó por ser buena persona»? ¿O dirán «esta mujer aprovechó al máximo su vida, de la única vida que Dios le dio»? ¿O bien «invirtió su vida en cosas eternas»? ¿O qué te parece «dedicó su vida a las personas y las orientó hacia la fe en Jesús»?

Imagina al pastor en el altar diciendo: «si este hombre ha marcado vuestras vidas, poneos en pie». Ahora imagina a varias personas levantándose; personas a las que tú llevaste a Cristo. Personas a las que enseñaste a caminar con Dios. El pastor prosigue: «ahora, si alguna de las personas que están en pie ha marcado vuestras vidas, poneos en pie». Se levantan más personas. Esta es la segunda generación de personas marcadas por tu vida. El pastor sigue hablando. «Ahora, si alguna de las personas que están en pie ha influido en vuestras vidas, poneos en pie». En ese momento, se levanta toda la sala. Nadie se queda sentado. Todas las personas de la sala han cambiado su vida gracias a tu vida y tu fidelidad.

Es la imagen del fruto duradero. Estoy convencido de que eso es lo que pasará algún día en el cielo. Un día podrás ver el impacto multiplicado de tu vida como esa persona que marcó las vidas de otros, y que estos a su vez marcaron a otros. Esa será tu recompensa, tu fruto duradero. Pero esa clase de fruto del cielo empieza aquí y ahora, en la vida terrenal.

Cuando compartes el Evangelio, estás dando fruto. Jesús hace una promesa a todo aquel que invierte su vida compartiendo el Evangelio. Algún día Le escucharás decir: *«Bien, buen siervo y fiel»* **(Mateo 25,21)**. ¡Será un momento increíble! Escuchar que Dios te dice: «¡Lo has conseguido! Has sido fructífero y tu vida ha dado un fruto duradero».

Ahora piensa en lo trágico que sería llegar al cielo con poco fruto. Por eso vuelvo a preguntarte: «*¿Estás viviendo una vida fructífera?*» En realidad, todo lo demás no importa. Al final de tu vida, los logros y reconocimientos de este mundo — los placeres y las pasiones de este mundo — no son nada en comparación con el gozo de una vida fructífera en el cielo.

Jesús quiere que te unas a Él en Su misión. Jesús desea que tu vida sea como el racimo de uvas que portaba en Sus manos: hermosa y fructífera. Por eso Él te eligió. Por esto estás aquí. Ese es el gozo que te aguarda cuando vives en una misión con Jesús.

TIEMPO PARA REFLEXIONAR

¿Qué significa una «vida fructífera» para ti?

_____
_____
_____
_____
_____
_____
_____
_____
_____
_____
_____

¿Cómo te ha afectado la visión de tu propio funeral?

_____
_____
_____
_____
_____
_____
_____
_____
_____
_____
_____
_____
_____
_____
_____

¿Qué tendrías que modificar para empezar a dar fruto en tu vida?

_____

_____

_____

_____

_____

_____

_____

_____

_____

_____

TIEMPO PARA PRÁCTICA

Repasa el versículo de las Escrituras que debes memorizar esta semana.

«Me mostrarás la senda de la vida; En tu presencia hay plenitud de gozo;
Delicias a tu diestra para siempre».
(SALMO 16,11)

Lee **(Hechos 3,1-26)**.
Mientras lees no te olvides, que es importante que uno recuerda a los acrósticos **s.i.e.n.t.a.** y **o.r.a.r.**

TIEMPO PARA ORAR

Dedica un tiempo a confesar aquellas cosas que te impiden vivir en una misión.

ANOTACIÓN EN EL DIARIO, DÍA CINCO

Selecciona. **I**dentifica. **E**studia. **N**utre tu mente. **T**oma la costumbre de orar. **A**nota aquello que Dios te dice.

_____

_____

_____

_____

_____

_____

_____

_____

_____

_____

_____

_____

_____

_____

_____

_____

_____

_____

_____

_____

_____

_____

_____

_____

Ofrece alabanza. **R**egresa. **A**cude. **R**enuncia.

PODER MAS ALLA DE TI

Jesús te da el poder de unirte a Él en una misión.

Jesús proclamó: *«Como me envió el Padre, así también yo os envío»* **(Juan 20,21)**. Según el Evangelio de Marcos, Jesús añadió: *«Id por todo el mundo y predicad el evangelio a toda criatura»* **(Marcos 16,15)**. Es muy evidente que Jesús nos ha enviado a ti y a mí a nuestro mundo para ser Sus manos y pies, y para compartir Su buena nueva. Pero es una tarea que puede resultar increíblemente difícil.

El mundo en el que vivimos suele mostrarse resistente y, en ocasiones, incluso hostil al Evangelio **(Romanos 8,7)**. El propio Satanás controla nuestra cultura. Se denomina el *«dios de este siglo»*, **(2 Corintios 4,4)** y el *«príncipe de la potestad del aire»* **(Efesios 2,2)**. Según **(1 Juan 5,19)**, *«el mundo entero está bajo el maligno»*. Justo antes de que Jesús enviara a Sus hombres a su mundo, les advirtió: *«He aquí, yo os envío como a ovejas en medio de lobos; sed, pues, prudentes como serpientes y sencillos como palomas»* **(Mateo 10,16)**.

Entonces, ¿cómo vamos a lograr aquello que Jesús nos ha pedido hacer? ¿Dónde podemos encontrar la fortaleza y el poder a vencer esta maldad y mantenernos firmes por Cristo en una cultura descarriada? La respuesta es sencilla: necesitamos que el poder de Dios trabaje a través de nosotros. Con nuestra propia fortaleza no podremos vencer por Cristo, pero en Su poder seremos más que capaces **(Romanos 8,37)**.

Justo después de la resurrección de Jesús, reunió a Sus hombres y les preparó para iniciar Su misión. Les dijo: *«pero recibiréis poder, cuando haya venido sobre vosotros el Espíritu Santo, y me seréis testigos en Jerusalén, en toda Judea, en Samaria, y hasta lo último de la tierra»* **(Hechos 1,8)**. La palabra *«poder»* se dice en griego dunamis. Se refiere a un poder explosivo que emana de Dios.

En el Evangelio, suele emplearse dunamis para referirse al poder de Dios revelado en los milagros. Jesús dijo a Sus discípulos que esperasen y orasen en Jerusalén, y que recibirían el poder divino cuando el Espíritu Santo descendiera sobre ellos. Y eso fue exactamente lo que ocurrió. En el libro de Hechos, leemos que el Espíritu de Dios descendió sobre esos primeros discípulos poderosamente, permitiéndoles realizar milagros y declarar abiertamente el Evangelio de Jesucristo.

Hoy en día, tenemos al alcance ese mismo poder de Dios a través del Espíritu Santo. El momento en el que escuchaste el Evangelio y fuiste salvado, recibiste al Espíritu Santo. En ese momento, fuiste sellado **(Efesios 1,13-14)**, y el Espíritu mora en ti **(Romanos 8,9)**.

Ahora tenemos la opción de liberar o no el poder del Espíritu en nuestra vida. Te preguntarás: **«¿Cómo puedo experimentar el poder del Espíritu Santo?»** Solo tienes que pedirle al Espíritu que te llene **(Efesios 5,18-19)**, y luego entregarte a Él plenamente, bajo Su liderazgo **(1 Tesalonicenses 5,19; Efesios 4,30, Gálatas 5,25)**. Puedes orar: **«Señor, gracias por entregarme tu Espíritu. Ahora lléname, guíame y cámbiame para ser la persona que pretendías que fuera. Hoy elijo confiar en tu poder y seguir tus pasos».** De este modo, estarás renunciando a controlar tu propia vida y entregándote voluntariamente al control del Espíritu **(Romanos 8,5-6)**.

Cuando caminas con el poder del Espíritu **(Gálatas 5,16)**, no tienes nada que temer. Podrás mostrarte valiente por Jesús, sabiendo que Su poder está haciendo efecto en tu vida. Se nos promete que el Espíritu el que está en nosotros es mayor que el que está en el mundo **(1 Juan 4,4)**.

Volvamos a las palabras de Jesús en **(Hechos 1,8)**. ¿Por qué entregó Jesús el Espíritu Santo a Sus seguidores? Les dijo: «pero recibiréis poder, cuando haya venido sobre vosotros el Espíritu Santo, y me seréis testigos en Jerusalén, en toda Judea, en Samaria, y hasta lo último de la tierra».

Uno de los principales motivos por los que Jesús entregó Su Espíritu fue para ser Sus testigos en el lugar donde vivimos. A través del Espíritu, esos primeros discípulos recibieron poder y valentía para proclamar el Evangelio para transformar vidas de manera radical. Ahora te preguntarás: «¿Por qué no vemos esto con más frecuencia hoy en día? Si el Espíritu de Dios no ha cambiado y el poder del Evangelio para transformar a las personas no ha cambiado, ¿por qué no experimentamos el poder de Dios más a menudo?»

Creo que la respuesta a esa pregunta está directamente relacionada con compartir el Evangelio. Jesús envió su Espíritu con el fin de darnos poder para ser Sus testigos. Por lo tanto, para experimentar el poder del Espíritu en nuestra vida, debemos unirnos a Jesús en Su misión de llegar a todo el mundo. ¿Qué te parece?

En primer lugar, ora por aquellas personas alejadas de Dios. Cuando los primeros discípulos fueron amenazados por proclamar la Palabra de Jesús, se dedicaron a orar. Mientras oraban, el Espíritu hizo temblar los cimientos del edificio y les dio poder para hablar a las personas sobre Jesús con osadía **(Hechos 4,31)**. Cuando empiezas a orar por aquellos que están perdidos, Dios se muestra. De modo que empieza a orar de un modo activo, deliberado y ferviente por tus amigos perdidos. Ora para que abran sus corazones al Evangelio. Ora para que Dios los atraiga hacia Sí. Ora para que el Espíritu les condene por su condición de perdidos. Ora para que tengan el deseo de conocer a Jesús. Cuanto más ores, más experimienteras el poder de cómo reacciona el Espíritu a tus oraciones.

La segunda manera de experimentar el poder de Dios es compartir tu fe. Existe una relación directa entre compartir la fe y experimentar el poder sobrenatural de Dios. Prácticamente todos los milagros, curaciones y demostraciones del poder de Dios presentes en el Nuevo Testamento eran para los perdidos, para que pudieran experimentar el poder de Dios y llegar a Cristo. Cuando Jesús envió a Sus hombres, les dio el poder de curar y expulsar demonios, para que aquellas personas alejadas de Dios pudieran ver el poder de Dios y ser salvadas **(Lucas 9,6; Marcos 3,14-15)**.

Si deseas ver el poder de Dios en acción, empieza a compartir el Evangelio. Arriésgate; inicia la conversación; comparte con otros lo que Jesús ha hecho por ti. Sé valiente. No vacilas ni te eches atrás. Habla de Cristo y verás cómo se muestra poderosamente.

No es posible ir a lo seguro y experimentar el poder del Espíritu. No se muestra a aquellos que no comparten el Evangelio y se niegan a arriesgarse. Está con aquellos que tienen la osadía suficiente para confiar en Él y compartir el Evangelio, sabiendo que es el poder de Dios lo que salva a aquellos que creen **(Romanos 1,16)**.

Jesús te ha llamado para vivir en una misión con Él. Te ha prometido que si lo haces, liberará Su poder en tu vida. ¡No se me ocurre una forma mejor de vivir!

TIEMPO PARA REFLEXIONAR

¿Has experimentado la oposición del mundo a la hora de compartir el Evangelio?

_____

_____

_____

_____

_____

_____

¿Qué dos cosas se necesitan para experimentar el poder del Espíritu en tu vida?

_____

_____

_____

_____

_____

_____

_____

TIEMPO PARA PRÁCTICA

Repasa el versículo de las Escrituras que debes memorizar esta semana.

«Me mostrarás la senda de la vida; En tu presencia hay plenitud de gozo;
Delicias a tu diestra para siempre».
(SALMO 16,11)

Lee **(Hechos 4,1-22)**.
Mientras lees no te olvides, que es importante que uno recuerda a los acrósticos **s.i.e.n.t.a.** y **o.r.a.r.**

TIEMPO PARA ORAR

Pide al Señor que te llene con Su espíritu hoy y te utilice para Su propósito.

ANOTACIÓN EN EL DIARIO, DÍA SEIS

Selecciona. **I**dentifica. **E**studia. **N**utre tu mente. **T**oma la costumbre de orar. **A**nota aquello que Dios te dice.

_____

_____

_____

_____

_____

_____

_____

_____

_____

_____

_____

_____

_____

_____

_____

_____

_____

_____

_____

_____

_____

_____

Ofrece alabanza. **R**egresa. **A**cude. **R**enuncia.

TU DÍA PARA ORAR

Hoy no tienes ninguna lectura adicional. Dedica este día a pedirle a Dios que te inculque el irresistible deseo de ver a las personas llegar a la fe en Jesús. Dedica tiempo a la Palabra de Dios, escucha Su voz y ora fervientemente por tus amigos perdidos.

TIEMPO PARA REFLEXIONAR

¿Qué tendría que cambiar que compartas tu fe de manera activa?

_____

_____

_____

_____

_____

_____

_____

_____

_____

_____

_____

_____

_____

_____

¿Qué es lo que más te llama la atención de lo que te ha mostrado Dios esta semana?

_____

_____

_____

_____

_____

_____

_____

_____

_____

_____

_____

_____

_____

_____

_____

_____

_____

TIEMPO PARA PRÁCTICA

Repasa el versículo de las Escrituras que debes memorizar esta semana.

«Me mostrarás la senda de la vida; En tu presencia hay plenitud de gozo;
Delicias a tu diestra para siempre».
(SALMO 16,11)

Lee **(Hechos 4,23-37)**.

Mientras lees no te olvides, que es importante que uno recuerda a los acrósticos **s.i.e.n.t.a.** y **o.r.a.r.**

PARA EL TRABAJO EN GRUPO

*Mi frase **«Voy a»**:*

En la línea de lo que acabo de estudiar, esta semana voy a poner en práctica lo siguiente:

_____

_____

_____

_____

_____

_____

_____

_____

_____

_____

_____

_____

_____

_____

_____

_____

_____

_____

_____

_____

_____

_____

_____

ANOTACIÓN EN EL DIARIO, DÍA SIETE

Selecciona. **I**dentifica. **E**studia. **N**utre tu mente. **T**oma la costumbre de orar. **A**nota aquello que Dios te dice.

_____

_____

_____

_____

_____

_____

_____

_____

_____

_____

_____

_____

_____

_____

_____

_____

_____

_____

_____

_____

_____

_____

_____

Ofrece alabanza. **R**egresa. **A**cude. **R**enuncia.

ANOTACIÓN EN EL DIARIO

Selecciona. **I**dentifica. **E**studia. **N**utre tu mente. **T**oma la costumbre de orar. **A**nota aquello que Dios te dice.

_____

_____

_____

_____

_____

_____

_____

_____

_____

_____

_____

_____

_____

_____

_____

_____

_____

_____

_____

_____

_____

_____

_____

Ofrece alabanza. **R**egresa. **A**cude. **R**enuncia.

ALCANZANDO

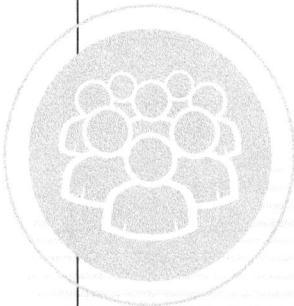

▶ **VERSÍCULO PARA MEMORIZAR**

«Todos nosotros nos descarriamos como ovejas, cada cual se apartó por su camino; mas Jehová cargó en él el pecado de todos nosotros».

(ISAÍAS 53,6)

AMIGO A PECADORES

Para alcanzar, hay que construir primero una amistad.

A Jesús se le conocía como el «*amigo a pecadores*». Eso puede sonar como un cumplido hoy en día, pero en aquel entonces era uno de los insultos más graves. Los líderes religiosos de Su época veían a Jesús acompañado de personas marginadas de la sociedad — prostitutas, recaudadores de impuestos, oprimidos — y le odiaban por ello.

Pero lo que provocó que las élites religiosas odiasen a Jesús fue lo mismo que hizo que la gente de a pie lo amase. Era accesible. Estaba dispuesto. No despreciaba a nadie del hombro a nadie. Todos eran valiosos. Todos eran importantes a Sus ojos. Era un amigo, incluso para aquellas personas confundidas que habían perdido el rumbo. Se alcanzaba a sus barrios, pasaba tiempo en su mundo y realmente hablo con ellos.

Un día, cuando la muchedumbre religiosa le miraba con desdén por Sus amistades, «*Respondiendo Jesús, les dijo: Los que están sanos no tienen necesidad de médico, sino los enfermos. No he venido a llamar a justos, sino a pecadores al arrepentimiento*» **(Lucas 5,31-32)**. Ser amigo a pecadores no quería decir que Jesús comprometio a sus valores. Nunca participó ni dio su aprobación a su descarrío, pero sí se preocupaba por llegar a conocer a las personas. Cuanto más se alcanzaba, más conscientes eran de su preocupación para Él.

Jesús inculcó este amor por las personas a Sus primeros seguidores. Estos hombres estaban llenos de prejuicios y juzgaban rápidamente a las personas simplemente por su entorno cultural o sus malas decisiones. Sin embargo, Jesús se esforzó por derribar esas barreras, llevando a Sus seguidores a lugares en los que se sentían incómodos en un principio. Los llevó hasta Samaria (un territorio prohibido al norte de Jerusalén), para conocer a una mujer que estaba en un pozo. Les ordenó cruzar el mar de Galilea hasta el lado no judío para reunirse con un hombre lleno de demonios. Marchó al norte hasta Tiro, una ciudad gentil fuera de los límites de Israel, para encontrar a una mujer que necesitaba ser sanada desesperadamente. Llevó a Sus hombres hasta Cesarea de Filipo, donde la gente practicaba todo tipo de ritos paganos.

¿Por qué hacía esto Jesús? Quería que Sus hombres aprendieran una importante lección: las personas son importantes para Dios. No hay nadie que escape a los límites de la gracia de Dios. Quería mostrarles que, en la mayoría de los casos, las personas que más necesitan a Dios no van a acudir a ellos, sino que son ellos los que deben acudir a las personas. Hoy podría enseñarse la misma lección.

Para seguir a Jesús y unirnos a Él en Su misión debemos asumir que todas las personas son importantes para Dios. No existe una persona a la que Dios no ame. Nunca conocerás a una persona que se encuentre tan lejos que Dios no pueda llegar hasta ella. En la mayoría de los casos, las personas que más necesitan a Cristo no se presentan en la iglesia el domingo. Por eso Jesús te ha enviado en su ayuda.

El primer paso cuando vives con una misión es observar a tu alrededor y ser consciente de las personas que necesitan Dios y que Él ha puesto en tu vida. Para expresar claramente su argumento, Jesús dijo a sus discípulos *«Alzad vuestros ojos y mirad los campos, porque ya están blancos para la siega»* **(Juan 4,35)**. Lo que les decía era: *«Chicos, hay una gran cosecha de personas esperando a escuchar y responder al Evangelio. ¡Solo tenéis que alzar la vista y mirar a vuestro alrededor!»*

Empecemos por ahí. Mira a tu alrededor. Ahora mismo, ¿qué personas hay en tu vida que no conozcan a Cristo? Pueden ser personas que vivan cerca de ti o trabajen contigo. Quizá sean personas que van a las mismas tiendas que tú. Pídele a Dios que te abra los ojos. Cuando identifiques a alguien así, sé su amigo. Persiste lo suficiente hasta entablar una conversación. Dedica tiempo a conocer a esa persona. Mira a los ojos. Comparte tu corazón. Escucha. Por ejemplo, puedes buscar ocasiones para poder tener una conversación con un vecino. O puedes iniciar una conversación con un compañero de trabajo para conocer un poco mejor la historia de su vida. Cuanto más te esfuerces por ser un amigo, más te darás cuenta de los pocos amigos que tiene la mayoría de la gente.

Al principio, es probable que te sientas algo incómodo. Recuerda que Jesús ponía a sus discípulos en situaciones incómodas a propósito, llevándolos muy lejos de su zona de confort. Sin embargo, cuanto más fuerces esa sensación inicial de incomodidad, antes descubrirás lo maravilloso que es que Dios haya puesto a esas personas en tu vida para que las ayudes. Eso es vivir con una misión, ¡al más puro estilo Jesús!

TIEMPO PARA REFLEXIONAR

¿Quiénes de tus amigos están alejados de Dios?

_____

_____

_____

_____

_____

¿Qué tendrías que superar para ser «amigo a pecadores», como Jesús?

_____

_____

_____

_____

_____

_____

_____

_____

_____

_____

TIEMPO PARA PRÁCTICA

Empieza memorizando el versículo de la Escritura de la semana.

«Todos nosotros nos descarriamos como ovejas, cada cual se apartó por su camino;
mas Jehová cargó en él el pecado de todos nosotros».
(ISAÍAS 53,6)

Repasa tu frase «Voy a» de esta semana.

Lee **(Hechos 5,1-16)**.
Mientras lees no te olvides, que es importante que uno recuerda a los acrósticos **s.i.e.n.t.a.** y **o.r.a.r.**

TIEMPO PARA ORAR

Pide al Señor que abra tus ojos a las necesidades espirituales de la gente que te rodea.

ANOTACIÓN EN EL DIARIO, DÍA UNO

Selecciona. **I**dentifica. **E**studia. **N**utre tu mente. **T**oma la costumbre de orar. **A**nota aquello que Dios te dice.

_____

_____

_____

_____

_____

_____

_____

_____

_____

_____

_____

_____

_____

_____

_____

_____

_____

_____

_____

_____

_____

Ofrece alabanza. **R**egresa. **A**cude. **R**enuncia.

IR DE PESCA

Para pescar por personas, es necesario establecer relaciones.

«Venid en pos de mí, y os haré pescadores de hombres» **(Mateo 4,19)**. Esta fue la invitación que Jesús hizo llegar a Sus primeros seguidores. Sus padres llevaban toda la vida enseñándoles a pescar para tener un sustento. Y ahora Jesús les invitaba a pescar personas. Les llamaba para un propósito superior, una visión eterna.

En cuanto aceptaron la invitación, Jesús les envió a seis *«viajes de pesca»* donde pudieron ver al Maestro en acción, pescando personas. Esos seis encuentros quedaron minuciosamente detallados en Lucas 4 y 5. Este es un breve resumen:

· **Lucas 4,31-36**: *Jesús cura a un hombre que tenía un espíritu de demonio en la sinagoga.*
· **Lucas 4,38-41**: *Jesús cura a la suegra de Pedro, y acuden otros habitantes de la aldea para recibir su curación.*
· **Lucas 5,1-11**: *Jesús efectúa una pesca milagrosa en el lugar donde trabaja Pedro.*
· **Lucas 5,12-14**: *Jesús cura a un leproso.*
· **Lucas 5,17-25**: *Jesús cura a un paralítico al que habían traído sus cuatro amigos.*
· **Lucas 5,27-30**: *Jesús llama a Leví y se alcanza a sus amigos perdidos.*

En las muchas ocasiones que he leído estos pasajes, he observado algunas cosas. En primer lugar, en cada una de esas situaciones, Jesús está haciendo el trabajo principal mientras Sus seguidores lo *«estudiaban»*. Miran y observan cómo Jesús se va encontrando a distintos tipos de personas en situaciones muy variopintas. Eso me indica que el arte de encontrarte a personas es algo que aprende más por la experiencia que por la enseñanza. Es muy importante tener a alguien de modelo para saber alcanzar y encontrar a las personas en diversas situaciones.

En segundo lugar, cada uno de estos encuentros tuvo lugar en las áreas donde vivían los discípulos de Jesús. No hizo falta que emprendieran un viaje a un lugar alejado para encontrar a personas que necesitaran el amor de Dios. Esas personas estaban justo ahí, frente a sus narices.

Un día que estaba estudiando estos seis encuentros con un grupo de hombres, empezamos a escribir en la pizarra cuál sería el equivalente actual de estas situaciones que empleó Jesús. El hombre curado en una sinagoga sería el equivalente de alguien que conocemos de la iglesia. La curación de la suegra de Pedro equivaldría a alguien que lo está pasando mal en nuestra propia familia. La pesca milagrosa en el lugar de trabajo de Pedro, así como el caso de Leví con sus antiguos socios, sería como alcanzando a un compañero de trabajo. La curación del leproso podría identificarse con aquellas personas marginadas por la sociedad, como los enfermos, los ancianos o los vagabundos. El paralítico ayudado por sus amigos podría representar a aquellos amigos nuestros que necesitan a Jesús. La lista que escribimos en la pizarra era algo parecido a esto:

Iglesia   **Familia**   **Trabajo**   **Amigos**   **Marginados**

Jesús empezó en aquellos lugares que solían frecuentar, y con las personas que ya formaban parte de sus vidas. Del mismo modo podrías empezar tú. Para un momento y piensa en aquellas personas conocidas que se encuadran en estas cinco categorías. ¿Qué personas de tu trabajo o tu familia están alejadas de Dios? ¿Qué personas llevan un tiempo sin aparecer por tu iglesia? ¿Tienes dudas acerca del estado espiritual de alguno de tus amigos? ¿Dónde podrías ir para encontrar a personas marginadas que necesitan ayuda y esperanza?

A continuación, vamos a hacer algo muy práctico. Escribe ahora mismo una lista de personas que Dios te traiga a la mente. Escribe sus nombres. Procura que sean cinco personas. No hace falta que sea uno de cada categoría. Puede haber varios de una categoría y ninguno de otra. Puede que alguien no encaje en ninguna de estas categorías, pero si Dios te lo ha traído a la mente inclúyelo también. De ahora en adelante, la llamaremos tu lista de «Cinco principales» (véase Apéndice XI).

Estarás pensando: «¿Por qué tengo que escribir una lista?» A lo largo de los años, he descubierto que cuando tengo una lista de personas que Dios me ha puesto en el corazón, es más probable que rece ore por ellos y me alcanzare a ellos a propósito. Si no tengo delante una lista de nombres de manera habitual, escapan rápidamente de mi mente y de mi atención. Al hacer una lista de «Cinco principales», significa que das prioridad a vivir con una misión. (Nota: Quiero dar las gracias a mi amigo Dann Spader por hacerme ver la importancia de estas seis expediciones de pesca. Es algo que me ha cambiado la vida.)

TIEMPO PARA REFLEXIONAR

¿A qué personas conoces en cada una de estas categorías que no conozcan a Cristo?
¿De quiénes tienes dudas sobre su estado espiritual?

CATEGORÍA	NO CONOCE A CRISTO	DUDAS SOBRE SU ESTADO ESPIRITUAL
IGLESIA		
FAMILIA		
TRABAJO		
AMIGOS		
MARGINADOS		

¿Hay algún grupo de personas que no hayamos mencionado aquí y al que podrías alcanzar?

_____

_____

_____

_____

_____

_____

_____

_____

_____

_____

TIEMPO PARA PRÁCTICA

Repasa el versículo de las Escrituras que debes memorizar esta semana.

«Todos nosotros nos descarriamos como ovejas, cada cual se apartó por su camino;
mas Jehová cargó en él el pecado de todos nosotros».
(ISAÍAS 53,6)

Repasa tu frase «Voy a» de esta semana.

Lee (Hechos 5,17-42).

Mientras lees no te olvides, que es importante que uno recuerda a los acrósticos **s.i.e.n.t.a.** y **o.r.a.r.**

Rellena tu lista de «Cinco principales» en el Apéndice XI.

TIEMPO PARA ORAR

Pide al Señor que ponga en tu corazón a personas que Lo necesiten.

ANOTACIÓN EN EL DIARIO, DÍA DOS

Selecciona. **I**dentifica. **E**studia. **N**utre tu mente. **T**oma la costumbre de orar. **A**nota aquello que Dios te dice.

_____

_____

_____

_____

_____

_____

_____

_____

_____

_____

_____

_____

_____

_____

_____

_____

_____

_____

_____

_____

_____

_____

_____

Ofrece alabanza. **R**egresa. **A**cude. **R**enuncia.

EL ATRACTIVO DE LA HOSPITALIDAD

La amistad empieza con la hospitalidad.

Leví no había sido un creyente por mucho tiempo. Acababa de tomar la decisión radical de dejar atrás su anterior vida como recaudador de impuestos y seguir a Jesús, pero su corazón seguía apesadumbrado por aquellos amigos que estaban alejados de Dios. Ansiaba que ellos conocieran a Jesús del mismo modo que él había llegado a conocerlo. ¿Y qué fue lo que hizo? Pues lo que mejor se le daba: ¡organizó un banquete!

No fue un banquete cualquiera; fue un banquete con un propósito. Leví invitó a sus viejos amigos, así como a Jesús y a sus nuevos amigos. Estoy seguro de que la noche anterior no paraba de pensar: «*no sé yo si esto va a funcionar. ¡Espero que el banquete no sea un enorme fracaso!*» Sin embargo, resultó ser un enorme éxito. Jesús y sus amigos entablaban conversaciones con los amigos descarriados de Leví. Mientras comían juntos, poco a poco sus defensas empezaron a derribarse, y los corazones a abrirse **(Lucas 5,27-29)**.

En el transcurso de una comida pueden pasar cosas poderosas. No sabría cómo explicarlo, pero por algún motivo, cuando quedo para comer con alguien, las defensas suelen venirse abajo. Jesús solía comer con amigos que tenían dudas espirituales. Se reunía en casa de amigos íntimos para tener largas conversaciones espirituales **(Lucas 10,38)**, y solía comer con exploradores espirituales en busca de respuestas **(Lucas 14,1; 19,5)**.

Esta práctica de compartir una comida se denomina hospitalidad en las Escrituras, e incluso a veces se daba alojamiento durante un periodo breve de tiempo. Esta tradición de la hospitalidad era una práctica entre los fieles a Dios, especialmente los seguidores de Jesús en el siglo primero **(1 Timoteo 3,2; 5,10)**. Asimismo, era algo que Jesús esperaba de Sus seguidores **(Mateo 25,38)**. **(Tito 1,8)** se limita a decir, «*... sino hospedador....*»

¿Por qué es tan importante la hospitalidad? Creo que Dios trabaja cuando compartimos una comida con el fin de demostrar el amor de Cristo, de forjar amistades e iniciar una conversación espiritual. Dios suele empezar abriendo los corazones de estas personas hacia ti y, esperamos, hacia el Evangelio. He descubierto que muchas de mis conversaciones espirituales más productivas han tenido lugar en un restaurante mientras comía. Es en ese momento cuando los hombres suelen abrir sus corazones un poco para que puedas ver lo que llevan realmente en su interior.

Vamos a ser prácticos por un instante. Ahora que ya has escrito tu lista de «*Cinco principales*», es el momento de empezar a forjar tu amistad con ellos, y qué mejor manera de hacerlo que ejerciendo la hospitalidad. Te animo a que invites a una persona de tu lista a compartir una comida contigo. Saca tiempo para tomar un café juntos. Si te pregunta «*¿por qué quieres hacer esto?*» dile «*solo quiero que me hables de ti para conocerte mejor. Sin pretensiones, sin compromisos*».

Cuando estéis juntos, no te limites a mantener una conversación superficial. Hazle preguntas sobre su pasado y la historia de su vida. Pide a Dios que te ayude a reconocer su trayectoria y las dificultades que pueda tener esa persona. Lo más importante que puedes hacer es escuchar. No te centres tanto en orientar la conversación directamente a hablar del Evangelio. Ya habrá tiempo para eso. ¡Primero hay que escuchar! Debes conocer a esa persona. ¡Sé un amigo! Forja esa amistad.

Recuerdo cuando forjé lentamente una amistad con un vecino de nuestra calle. Después de varias conversaciones en la calle, le dije «*oye, deberíamos quedar un día con nuestras mujeres y sin los niños. ¿Qué te parece?*» Sorprendentemente, me dijo que sí. Unos días más tarde, nos sentamos a la mesa los cuatro en un restaurante del barrio. Una vez allí, me di cuenta de que habíamos dado un gran paso en nuestra relación.

Tras unos minutos de charla informal, cuando la conversación tuvo un pequeño parón, me lancé y les dije «*Bueno, nos encantaría escuchar vuestra historia. ¡Adelante!*»

«*¿A qué te refieres?*» preguntó mi amigo.

«*Me gustaría saber dónde os criasteis, cómo os conocisteis y llegasteis a casaros. Queremos escuchar la versión larga*».

Sonrió, miró a su mujer y dijo «*¡muy bien!*»

Durante la hora siguiente nos reímos un montón, escuchamos algunas historias tristes y — mientras tomábamos café — empezamos a forjar una amistad. Gracias a esa amistad, tuve la oportunidad de hablarles a ambos sobre Cristo en los días y meses siguientes.

Quizas has escuchado la siguiente frase, pero no por ello es menos cierta: «*A la gente no le importa cuánto sabes hasta que saben cuánto les importas*». La manera de demostrar que te importa es dedicar tiempo a escuchar. Y la mejor manera de escuchar es compartir una comida. Cuando demuestres a tus amigos que te importan, confiarán en ti cuando empieces a hablarles de la relación más importante que hay en tu vida.

TIEMPO PARA REFLEXIONAR

¿A qué personas de tu lista de «Cinco principales» podrías invitar a comer contigo?

_____

_____

_____

¿Qué barreras tendrías que superar?

_____

_____

_____

_____

_____

TIEMPO PARA PRÁCTICA

Repasa el versículo de las Escrituras que debes memorizar esta semana.

«Todos nosotros nos descarriamos como ovejas, cada cual se apartó por su camino; mas Jehová cargó en él el pecado de todos nosotros».
(ISAÍAS 53,6)

Repasa tu frase _«Voy a»_ de esta semana.

Lee **(Hechos 6,1-15)**.

Mientras lees no te olvides, que es importante que uno recuerda a los acrósticos **s.i.e.n.t.a.** y **o.r.a.r.**

TIEMPO PARA ORAR

Ora hoy por las personas de tu lista de «Cinco principales». Pídele a Dios que los atraiga hacia Él.

ANOTACIÓN EN EL DIARIO, DÍA TRES

Selecciona. **I**dentifica. **E**studia. **N**utre tu mente. **T**oma la costumbre de orar. **A**nota aquello que Dios te dice.

_____

_____

_____

_____

_____

_____

_____

_____

_____

_____

_____

_____

_____

_____

_____

_____

_____

_____

_____

_____

_____

_____

_____

_____

Ofrece alabanza. **R**egresa. **A**cude. **R**enuncia.

CONMOVIDO CON COMPASIÓN

Dios utiliza las crisis para atraer a las personas a Cristo.

Cuando uno observa a las más de 600 000 personas que viven en la parte más pobre de Lima, Peru, casi se puede sentir la opresión. Muchas de estas personas llegaron de la selva sin absolutamente nada y se asentaron en «chozas» situadas en las afueras de esta enorme ciudad de 7 millones de habitantes. Durante mucho tiempo no tuvieron agua corriente ni electricidad; no era más que un mar de personas clamando ayuda.

El pastor Walter ve a estas personas que sufren como su rebaño. Se ocupa incansablemente de los que sufren, ayuda a ofrecer atención médica a los enfermos y predica el Evangelio varias veces a la semana. Inició un movimiento de fundación de iglesias que estaba creciendo rápidamente, trayendo luz a una parte muy oscura del mundo.

El pastor Walter ha sentido en sus propias carnes la desesperación. Su hijo mediano, Aaron, nació con una grave parálisis cerebral, una enfermedad que impedía al niño caminar, hablar o comunicarse. Aaron está postrado en una pequeña silla de ruedas todo el día y sufre dolor crónico en todo momento. En estas localidades no hay clínicas de fisioterapia ni equipos especializados que puedan ayudar a Aaron. Por ello, el pastor Walter decidió asumir su dolor y convertirlo en una plataforma para ayudar a las personas. Su iglesia fundó una clínica de fisioterapia para niños con discapacidad. Gracias a las donaciones, pueden ofrecer un rayo de esperanza muy necesario a aquellos que han sido casi olvidados.

Cuando el pastor Walter me enseñó la clínica y me contó su visión, reconoció que «*probablemente no me habría preocupado tanto por estos niños si no tuviera a Aaron. Pero ahora que conozco su dolor, mi corazón rebosa compasión*».

La compasión es algo que mueve a las personas a actuar. Hasta en siete ocasiones podemos leer en el Evangelio que Jesús estaba «*lleno de compasión*». *En una ocasión, Jesús predicaba ante una multitud que sufría. Dondequiera que mirase, veía a gente desesperada. «Y al ver las multitudes, tuvo compasión de ellas, porque estaban desamparadas y dispersas como ovejas que no tienen pastor*» **(Mateo 9,36)**.

El término «compasión» procede de la palabra griega **splagchnizomai**, que significa «entrañas». Los griegos creían que las entrañas eran el centro afectivo. Actualmente, solemos considerar el corazón como nuestro centro afectivo. Decimos «te quiero con todo mi corazón«, pero la idea es que la compasión viene del interior, desde lo más profundo de nuestro ser.

Cuando Jesús vio a los que sufrían a Su alrededor, se conmovió en Su interior. Se removió por dentro al ver el estado de aquellas personas que estaban alejadas de Dios. Vamos a detenernos aquí un momento. ¿A ti también te remueve de esa manera? ¿Sufres por un amigo que está alejado de Dios? ¿Te quedas despierto hasta tarde orando por un familiar que no conoce a Jesús? ¿Sientes una compasión profunda por las personas?

Con el ritmo vertiginoso del mundo en que nos movemos, resulta sencillo endurecernos ante el dolor que nos rodea. Resulta sencillo adoptar una mentalidad del tipo: «Bueno, ellos han tomado malas decisiones y ahora tienen que asumir las consecuencias», o «han rechazado a Dios, así que ahora que se aguanten las consecuencias».

En ocasiones, incluso vemos como enemigas a aquellas personas alejadas de Dios. Así es como veían los líderes religiosos de la época de Jesús a las personas que sufrían, pero Jesús no era así. Él los veía como hostigados (desgarrados por los problemas de la vida) y desamparados (abatidos, apartados). Literalmente, este mundo les había desgarrado y descartado.

*«Entonces dijo a sus discípulos: A la verdad la mies es mucha, pero los obreros son pocos. Rogad, pues, al Señor de la mies, que envíe obreros a su mies» (**Mateo 9,37-38**).* Al ver tanto dolor, Jesús dijo a Sus hombres que aprovecharan la oportunidad de llevar esperanza a aquellos que la habían perdido por completo, y que orasen para que Dios envíe trabajadores a este campo de humanidad.

Dios ve a todos los que sufren. Dios escucha cada llamada de auxilio. Dios siempre envía a alguien en respuesta a esas plegarias. En realidad, siempre hay alguien en tu barrio, oficina o escuela que se va a la cama orando para que Dios le envíe a alguien que lo ayude. Y tú eres la respuesta a sus oraciones.

Cuanto más estudio la vida de Jesús, más consciente soy de que Jesús respondía a menudo a las crisis de los demás. El pasaje que acabas de leer está al final de una lista de crisis sucesivas donde Jesús pasaba de una situación de urgencia a otra. Después de años estudiando este pasaje, me he convencido de que la mayoría de las personas sufren una crisis antes de acudir a Cristo. Dios emplea las crisis, las dificultades y las tragedias para despertar a las personas de su autosuficiencia y hacerles ver cuánto Lo necesitan.

Hay cuatro tipos de crisis que suelen acercar a las personas a Jesús:
1. La crisis de circunstancias. Puede ser cualquier crisis que provoque un dolor inmediato: perder el trabajo, un matrimonio problemático, una tragedia repentina, un informe médico preocupante. Todas estas situaciones hacen que las personas se tambaleen y busquen esperanza.
2. La crisis de fe. Hay personas que empiezan a plantearse cuestiones fundamentales en la vida, como:

«¿Qué pienso realmente sobre Dios y la Biblia? ¿Será cierto lo que me contaron de niño?»

3. La crisis de identidad. Es el caso de la personas que formula preguntas del tipo «¿quién soy? ¿Por qué estoy aquí? ¿Cuál es mi propósito?»

4. La crisis de mortalidad. Cuando nos enfrentamos a una trágica pérdida o a una muerte repentina, empezamos a plantearnos nuestra propia mortalidad y nos preguntamos qué ocurre después de la muerte. Un buen amigo me dijo una vez que «Dios nunca malgasta el dolor», y estoy convencido de que es así. En ocasiones, Dios emplea estas crisis para atraernos hacia Él. Es como si estos problemas abrieran una ventana en la que, por un momento, la gente se muestra abierta al Evangelio. Pero esa ventana no va a permanecer abierta eternamente.

A la hora de identificar y forjar amistades con aquellas personas de tu alrededor que no conocen a Cristo, empieza buscando a aquellos que están en crisis. Pide a Dios que te dé los ojos de Jesús para ver a la gente que sufre a tu alrededor y sentirte conmovido por sus situaciones. Aquellos que sufren suelen mostrarse más receptivos al Evangelio, pues el Espíritu Santo prepara sus corazones. De modo que observa y está alerta. Recuerda que tú podrías ser la respuesta a sus oraciones.

TIEMPO PARA REFLEXIONAR

¿Te conmueven fácilmente las personas que sufren? Explica tu respuesta.

_____

_____

_____

_____

_____

¿Qué personas hay en tu vida que estén afrontando crisis actualmente?

_____

_____

_____

_____

_____

_____

_____

_____

_____

_____

_____

_____

_____

_____

_____

_____

_____

TIEMPO PARA PRÁCTICA

Repasa el versículo de las Escrituras que debes memorizar esta semana.

«Todos nosotros nos descarriamos como ovejas, cada cual se apartó por su camino;
mas Jehová cargó en él el pecado de todos nosotros».
(ISAÍAS 53,6)

Repasa tu frase *«Voy a»* de esta semana.

Lee **(Hechos 7,1-22)**.
Mientras lees no te olvides, que es importante que uno recuerda a los acrósticos **s.i.e.n.t.a.** y **o.r.a.r.**

TIEMPO PARA ORAR

Ora hoy por las personas de tu lista de *«Cinco principales»*. Pide a Dios que te enseñe hoy a mostrar compasión a una persona de tu lista de *«Cinco principales»*.

ANOTACIÓN EN EL DIARIO, DÍA CUATRO

Selecciona. **I**dentifica. **E**studia. **N**utre tu mente. **T**oma la costumbre de orar. **A**nota aquello que Dios te dice.

Ofrece alabanza. **R**egresa. **A**cude. **R**enuncia.

EL PODER DE LA ORACIÓN

Dios escucha y responde a las oraciones.

Antes de convertirte en seguidor de Cristo, fuiste la petición de una oración. Alguien oraba para que tú llegaras a conocer a Jesús, y Dios actuó en respuesta a sus oraciones. Este es claramente el caso de mi amigo Jim.

Jim y yo nos conocimos cuando yo era capellán de nuestro equipo de fútbol del instituto. Él era el entrenador, y muy pronto nos hicimos amigos. Aunque le invité a venir a la iglesia varias veces, siempre tenía otros planes para los domingos. Pero seguí siendo su amigo y orando. De hecho, oré por Jim a la misma hora cada día durante años.

Un día, estando de compras con mi esposa, una mujer se acercó a mí para preguntarme si yo era el pastor que trabajaba con el equipo de fútbol. Cuando le dije que sí, me contó rápidamente que era la hermana de Jim y que toda su familia oraba para que él acudiera a Cristo. Me suplicó que siguiera alcanzando a él. Le aseguré que así lo haría, y me uní a ella en sus oraciones por su hermano. Y, de repente, un día ocurrió. Sin esperarlo, Jim y su esposa acudieron a nuestra iglesia. Escuchó el Evangelio y, sentado en la iglesia aquella mañana de domingo, oró para recibir a Cristo. Su mundo cambió por completo.

No olvidaré el momento de su bautismo y aquella sensación de agradecimiento porque el Señor había contestado nuestras oraciones. Sin embargo, yo no conocía la historia completa. Algo más tarde, un amigo mío me contó que, al enterarse de la decisión de Jim, una pareja de ancianos le dijo a su grupo de la iglesia que habían orado por él durante años. Vivían justo al lado de Jim y su familia. Como lo querían mucho, estaban preocupados por su bienestar espiritual y empezaron a orar fervientemente por él. Una vez a la semana iban a la habitación que estaba más cerca de la casa de Jim y oraban para que acudiera a Jesús. Cuando se enteraron de su decisión de seguir a Cristo, les embargó la emoción.

Jim no lo sabia, pero antes de que él acudiera a Cristo, tres familias habían estado orando fervientemente por él. Cada familia había estado orando por su cuenta. Nadie era consciente de todo lo que estaba pasando, salvo Dios. Dios amaba tanto a Jim que le hizo crecer en una familia que oraba por él, le llevó a vivir en una casa con unos vecinos que oraban por él, y le atrajo a un equipo con un capellán que oraba por él. ¡Dios lo hizo todo!

(Santiago 5,16) dice: «*la oración eficaz del justo puede mucho*». Viene a decir que cuando los fieles a Dios unen sus corazones para orar, Dios escucha y actúa. Sus oraciones son poderosas y efectivas.

Nuestras oraciones también son poderosas y efectivas, especialmente cuando oramos para que alguien acuda a Cristo. Obviamente, hay ocasiones en las que no vemos la respuesta a esas oraciones al momento. Cuando eso ocurre, no debemos desanimarnos ni dejar de orar, sino que debemos seguir buscando a Dios y persistir en la oración, sabiendo que Él nos escucha. Los tiempos de Dios son perfectos. Sin embargo, la realidad es que nosotros no vemos lo que Dios ve. Sus caminos son más altos que los nuestros. Pero Él está trabajando, respondiendo a nuestras oraciones y acercándose a esa persona que nosotros elevamos hacia Él.

Entonces, ¿cómo podemos orar de manera eficaz por un amigo perdido? Aquí tienes algunas ideas. Primero, fija una hora especifica para orar. Yo suelo poner una alarma o un recordatorio para esa hora. A esa hora recuerdo varios nombres para ponerme a orar. Normalmente, dejo lo que estoy haciendo y dedico un momento a orar por mis amigos perdidos. Crea una lista de amigos perdidos por los que te comprometes a orar hasta que acudan a Cristo o Jesús te llame con él al cielo.

En segundo lugar, ora para que Dios se mueve en las vidas de tus amigos perdidos. Ora para que abran sus corazones. Ora para que Dios les quite el velo que les impide ver claramente el Evangelio. Ora para que Dios actúe milagrosamente en sus vidas de tal manera que vean que Dios se preocupa por ellos. Pide un milagro. Clama por la misericordia de Dios.

Por último, ora con confianza. Juan escribió: **«ésta es la confianza que tenemos en él: que si pedimos alguna cosa conforme a su voluntad, él nos oye» (1 Juan 5,14)**. Si le pedimos a Dios algo que sabemos que es Su deseo, podemos estar seguros de que nos escucha. ¿Y qué puede estar más en sintonía con los deseos de Dios que el hecho de que alguien acuda a Él para conocerlo?

(2 Pedro 3,9) dice: **«no queriendo que ninguno perezca, sino que todos lleguen al arrepentimiento»**. Si el deseo de Dios es salvar, y si Él nos escucha cuando oramos en sintonía con Sus deseos, entonces cuando oremos por nuestros amigos perdidos, sabemos que Dios nos escuchará y responderá a nuestras oraciones. Recuerda que antes de convertirte en seguidor de Jesús, fuiste la petición de una oración. Puede que nunca sepas quién ha estado orando por ti, pero sí puedes estar seguro de que alguien ha estado pronunciando tu nombre ante Dios, suplicándole que te acercara a Él. No se me ocurre un privilegio mayor que ser ese guerrero de oración por otra persona.

TIEMPO PARA REFLEXIONAR

Describe alguna ocasión en la que has visto a Dios actuar en respuesta a las oraciones por un amigo perdido.

_____

_____

_____

_____

Si no compartes con tus amigos perdidos, ¿quién lo va a hacer?

_____

_____

_____

_____

¿Cómo puedes alcanzar a las personas que te rodean?

_____

_____

_____

_____

TIEMPO PARA PRÁCTICA

Repasa el versículo de las Escrituras que debes memorizar esta semana.

«Todos nosotros nos descarriamos como ovejas, cada cual se apartó por su camino;
mas Jehová cargó en él el pecado de todos nosotros».
(ISAÍAS 53,6)

Repasa tu frase «*Voy a*» de esta semana.

Lee **(Hechos 7,23-60)**.
Mientras lees no te olvides, que es importante que uno recuerda a los acrósticos **s.i.e.n.t.a.** y **o.r.a.r.**

TIEMPO PARA ORAR

Ora hoy por las personas de tu lista de «*Cinco principales*». Pídele a Dios que los atraiga hacia Él.

ANOTACIÓN EN EL DIARIO, DÍA CINCO

Selecciona. **I**dentifica. **E**studia. **N**utre tu mente. **T**oma la costumbre de orar. **A**nota aquello que Dios te dice.

_____

_____

_____

_____

_____

_____

_____

_____

_____

_____

_____

_____

_____

_____

_____

_____

_____

_____

_____

_____

Ofrece alabanza. **R**egresa. **A**cude. **R**enuncia.

VIVIR HACIA AFUERA

El mayor obstáculo para vivir hacia afuera es enfocarse hacia adentro.

No hace mucho, me reuní con mi amigo Greg en un restaurante para comer y ponernos al día de nuestras familias. Hace ya muchos años que conozco a Greg, desde que él estudiaba en el instituto. Conozco muy bien a sus padres y ambos son excepcionales personas fieles a Dios. Greg y su familia participan activamente en nuestra iglesia y están plenamente comprometidos. Poseen un espíritu pionero y aman a Jesús con todo su corazón.

Cuando estuvimos hablando, la conversación derivó a la idea de vivir en una misión con Jesús. Tras un momento de silencio, Greg me confesó que *«lo que me impide compartir mi fe más a menudo es mi egoísmo. No es que no sepa qué decir; sinceramente, hay veces en la que no me apetece entablar una conversación»*.

La honestidad brutal de mi amigo pone de manifiesto el motivo por el que la mayoría de nosotros no tiene más conversaciones espirituales. No es que haya escasez de personas que necesitan a Cristo. No es que el Evangelio haya ido perdiendo su poder. No es que el Espíritu ya no pida a los creyentes que hablen sobre Jesús. Al final, todo se reduce a que, a menudo, no nos apetece alcanzar a las personas. Nos resulta más sencillo centrarnos en nosotros mismos, en nuestras vidas y nuestras responsabilidades, y cerrarnos en nuestro mundo.

¿Cuándo fue la última vez que te lanzaste a iniciar una conversación con alguien a quien no conocías? Seguro que fue hace mucho tiempo.

Aunque nuestra cultura nos ofrece todas las posibilidades tecnológicas para establecer contacto, en realidad estamos más desconectados que nunca. Esa realidad es una confesión deprimente, pero al mismo tiempo supone una oportunidad excepcional. Es deprimente cuando pensamos que Dios nos creó a todos para vivir en comunidad, y que no es bueno estar y vivir aislados. Pero es una oportunidad porque estamos rodeados de personas que anhelan amistades verdaderas y una conexión auténtica y duradera.

Ahora, la gente está mas abierta que nunca a aquellas personas que quieran alcanzar e interesarse por ellas con verdadero amor y preocupación. La pregunta no es «¿la gente está abierta y buscando conexiones?» La pregunta es «¿estás dispuesto a alcanzar?» Recuerda que Dios te ha llamado para cumplir una misión con Jesús. Él te ha puesto exactamente donde estás — en tu trabajo, en tu escuela, en tu barrio — para que puedas hacer brillar Su luz sobre la gente que te rodea **(Mateo 5,14)**. Has sido elegido estratégicamente para dejar huella.

Cuando estés terminando esta semana, formúlate estas preguntas:

¿Estás dispuesto a dejar huella?

¿Estás dispuesto a empezar conversación con otros padres?

¿Estás dispuesto a ir más allá de una charla superficial con tu vecino?

¿Estás dispuesto a pararte y orar por esa persona que está sufriendo por su divorcio?

¿Estás dispuesto a llevar a ese amigo a comer e interesarte por sus necesidades?

¿Estás dispuesto a orar deliberadamente para que Dios alcanza a tu amigo perdido a Cristo?

¿Estás dispuesto a sacar tiempo en tu agenda para crear una lista de personas que te importan y que están alejadas de Dios, y pedirle al Señor que te ayude alcanzarlos?

¿Estás dispuesto a olvidarte de ti y dejar que Dios te utilice para llegar a alguien con el Evangelio?

TIEMPO PARA REFLEXIONAR

¿Estás de acuerdo en que nuestra cultura tiende cada vez más al aislamiento? Explica tu respuesta.

_____

_____

_____

_____

_____

¿Qué tiene que pasar para que piensas más hacia fuera y menos hacia dentro?

_____

_____

_____

_____

_____

_____

_____

_____

_____

_____

TIEMPO PARA PRÁCTICA

Repasa el versículo de las Escrituras que debes memorizar esta semana.

«Todos nosotros nos descarriamos como ovejas, cada cual se apartó por su camino;
mas Jehová cargó en él el pecado de todos nosotros».
(ISAÍAS 53,6)

Repasa tu frase «Voy a» de esta semana.

Lee **(Hechos 8,1-25)**.
Mientras lees no te olvides, que es importante que uno recuerda a los acrósticos **s.i.e.n.t.a.** y **o.r.a.r.**

TIEMPO PARA ORAR

Ora para que Dios te ayude a dar un paso valiente con alguien de tu lista de «Cinco principales».

Selecciona. **I**dentifica. **E**studia. **N**utre tu mente. **T**oma la costumbre de orar. **A**nota aquello que Dios te dice.

_____

_____

_____

_____

_____

_____

_____

_____

_____

_____

_____

_____

_____

_____

_____

_____

_____

_____

_____

_____

_____

_____

_____

_____

Ofrece alabanza. **R**egresa. **A**cude. **R**enuncia.

TU DÍA PARA ORAR

Hoy no tienes ninguna lectura adicional. Dedica tiempo a la Palabra de Dios, escucha Su voz y ora fervientemente por tus amigos perdidos.

TIEMPO PARA REFLEXIONAR

¿Qué tendría que cambiar que compartas tu fe de manera activa?

_____

_____

_____

_____

_____

_____

¿Qué es lo que más te llama la atención de lo que te ha mostrado Dios esta semana?

_____

_____

_____

_____

_____

_____

_____

_____

_____

TIEMPO PARA PRÁCTICA

Repasa el versículo de las Escrituras que debes memorizar esta semana.

«Todos nosotros nos descarriamos como ovejas, cada cual se apartó por su camino;
mas Jehová cargó en él el pecado de todos nosotros».
(ISAÍAS 53,6)

Repasa tu frase *«Voy a»* de esta semana.

Lee **(Hechos 8,26-40)**.

Mientras lees no te olvides, que es importante que uno recuerda a los acrósticos **s.i.e.n.t.a.** y **o.r.a.r.**

SEMANA **DOS**

PARA EL TRABAJO EN GRUPO

Mi frase **«Voy a»**:

En la línea de lo que acabo de estudiar, esta semana voy a poner en práctica lo siguiente:

_____

_____

_____

_____

_____

_____

_____

_____

_____

_____

_____

_____

_____

_____

ANOTACIÓN EN EL DIARIO, DÍA SIETE

Selecciona. **I**dentifica. **E**studia. **N**utre tu mente. **T**oma la costumbre de orar. **A**nota aquello que Dios te dice.

_____

_____

_____

_____

_____

_____

_____

_____

_____

_____

_____

_____

_____

_____

_____

_____

_____

_____

_____

_____

_____

_____

_____

Ofrece alabanza. **R**egresa. **A**cude. **R**enuncia.

ANOTACIÓN EN EL DIARIO

Selecciona. **I**dentifica. **E**studia. **N**utre tu mente. **T**oma la costumbre de orar. **A**nota aquello que Dios te dice.

_____

_____

_____

_____

_____

_____

_____

_____

_____

_____

_____

_____

_____

_____

_____

_____

_____

_____

_____

_____

_____

_____

_____

Ofrece alabanza. **R**egresa. **A**cude. **R**enuncia.

COMPARTIR TU
HISTORIA

VERSÍCULO PARA MEMORIZAR

«Por cuanto todos pecaron, y están destituidos de la gloria de Dios».

(ROMANOS 3,23)

«Porque la paga del pecado es muerte, mas la dádiva de Dios es vida eterna en Cristo Jesús Señor nuestro».

(ROMANOS 6,23)

EL PODER DE TU HISTORIA

T ú tienes una historia poderosa.

Lo creas o no, posees una herramienta muy eficaz que te ayudará a dirigir a otras personas a Jesucristo. Esa herramienta es tu historia personal.

Todo creyente tiene una historia, y cuando cuentes cómo te encontró Jesús y cambió tu vida, verás unos resultados poderosos. Piensa, por ejemplo, en la mujer que conoció Jesús en el pozo en aquella calurosa tarde de Samaria. Jesús tuvo una agradable conversación con ella acerca del «*agua viva*» que únicamente Él podría darle. Luego Él le habló de una parte oscura de su vida, aspectos de ella que ningún extraño podría conocer. Su vida era un desastre. Se había casado cinco veces. Vivía con un hombre que no era su marido. Las mujeres de su pequeño pueblo la marginaban. Su sufrimiento era enorme. Sin embargo, a pesar de todo su dolor, Jesús le ofreció esperanza, un corazón puro y un nuevo comienzo.

Tras su encuentro con Jesús, regresó a su aldea proclamando «*Venid, ved a un hombre que me ha dicho todo cuanto he hecho. ¿No será éste el Cristo?*» **(Juan 4,29)**. Todos los habitantes acudieron a ver a Jesús, simplemente por una mujer que se había encontrado con Él y se había transformado. Su historia tuvo un efecto tan poderoso que muchos samaritanos de aquella aldea creyeron en Jesús por el testimonio de aquella mujer: «*Me dijo todo lo que he hecho*» **(Juan 4,39)**.

A la historia de cómo conoció alguien a Jesús se le denomina su testimonio personal. Al igual que una persona puede dar testimonio en un juzgado de algo que ha visto y oído, cuando tú cuentas tu testimonio personal estás compartiendo tu experiencia personal con Jesús y cómo Él ha transformado tu vida. A mí me gusta llamarla tu «historia de Cristo». Es la historia de cómo conociste a Cristo, y eso es algo poderoso.

En **(Apocalipsis 12,11)** se narra la historia de unos creyentes en el cielo que, contra todo pronóstico, derrotaron a Satanás y llevaron a muchas personas a Cristo. Y dice: «*Y ellos le han vencido por medio de la sangre del Cordero y de la palabra del testimonio de ellos, y menospreciaron sus vidas hasta la muerte*». Piénsalo. Tu historia es tan poderosa que ni el mismísimo Satanás puede soportarla.

¿Por qué es tan poderosa? Por un lado, tu historia personal es algo que no se puede rebatir. Se puede pasar un día entero debatiendo sobre los argumentos intelectuales para la fe, pero nadie puede rebatir tu experiencia personal. Tu experiencia personal con Jesús y la manera en la que ha transformado tu vida están por encima de cualquier debate. Puede que algunos traten de darle alguna explicación o excusarlo, pero no pueden negar el hecho de que tu vida ha cambiado gracias a Cristo.

Además, tu testimonio pone de manifiesto el poder de Dios. Cuando una persona dice: «*llevaba una vida inmoral; vivía con un hombre que no era mi esposo, me sentía sola y desamparada hasta que conocí a Jesús, y ahora soy una persona totalmente nueva*». ¿Cómo puede explicarse un cambio así? Ocurre algo muy significativo cuando uno ve el poder de Dios haciendo efecto en la vida de otra persona. Es algo innegable.

Otro motivo por el que tu «historia de Cristo» es tan poderosa es que es real. La gente detecta lo falso. Parece que estemos programados con sensores intuitivos para detectar a aquellas personas con un discurso religioso, pero que en realidad no se diferencian de los demás. Cuando cuentas lo que Jesús ha hecho por ti, se nota una autenticidad y una sinceridad obvias.

Puede que pienses: «*pues mi historia no es nada dramática*». Recuerdo que en una iglesia se celebraba una «*noche de testimonios*», donde se invitaba a las personas a pararse y contar lo que Jesús había hecho en sus vidas. Una anciana se acercó al micrófono y empezó a hablar con voz suave. «*Quiero dar las gracias a Jesús por todas las cosas de las que me ha librado en mi vida. Me libró del alcohol y los abusos. Me libró de la inmoralidad sexual y la drogadicción. Le libró de una vida de delincuencia y de un corazón lleno de odio*». A medida que iba enumerando las cosas de las que Dios la había librado, la multitud no salía de su asombro. «*¿Cómo iba a hacer esta entrañable anciana todas esas cosas?*» Entonces la anciana prosiguió: «*Gracias a que entregue mi vida a Jesús desde muy joven, no he caído en ninguna de estas cosas. ¡Él me libró de todas ellas!*»

Quizá tu historia sea como la de esta anciana: llegaste a Cristo muy joven y Él te libro de todas esas cosas. ¡Alabado sea Dios por ello! No temas contar cómo llegó Jesús a tu vida, aunque fueras un niño pequeño. Estamos tan acostumbrados a escuchar historias de personas como estrellas del rock, deportistas y pandilleros, que vinieron de lugares muy oscuros y experimentaron una enorme transformación en sus vidas, que a veces sentimos que si nuestra historia no es muy dramática, no merece la pena contarla. Pero nada más lejos de la realidad. ¡Tu historia es poderosa porque te ocurrió a ti!

Tu historia es poderosa porque demuestra el poder de Dios en tu vida de un modo genuino y verdadero. Tu historia es poderosa porque hay alguien por ahí igual que tú que necesita escucharla. Mucha gente no se identifica con las historias dramáticas, pero sí se identificará contigo. De modo que no te guardes tu historia; sácala a la luz para que todos la conozcan. Cuenta lo que Jesús ha hecho por ti, y luego deja que el Espíritu haga el resto.

Una calurosa tarde en Samaria, una mujer descarriada conoció a Jesús. Solo porque ella contó su historia, mucha gente de su aldea acudió a conocer a Jesús en persona. ¡Piensa en lo que podría ocurrir si compartieras tu historia con las personas que Dios introduce en tu vida!

TIEMPO PARA REFLEXIONAR

Dedica un tiempo a pensar en tu historia. ¿Cómo llegaste a conocer a Jesús?

_____
_____
_____
_____
_____
_____
_____
_____
_____
_____
_____
_____
_____
_____
_____
_____
_____
_____
_____

¿Alguna vez le has contado tu historia a alguien que no conociera a Cristo? ¿Qué tal fue?

_____
_____
_____
_____
_____
_____
_____
_____

TIEMPO PARA PRÁCTICA

Empieza memorizando el versículo de la Escritura de la semana.

«Por cuanto todos pecaron, y están destituidos de la gloria de Dios». **(Romanos 3,23)**

«Porque la paga del pecado es muerte,
mas la dádiva de Dios es vida eterna en Cristo Jesús Señor nuestro». **(Romanos 6,23)**

Repasa tu frase *«Voy a»* de esta semana.

Lee **(Hechos 9,1-19)**.
Mientras lees no te olvides, que es importante que uno recuerda a los acrósticos **s.i.e.n.t.a.** y **o.r.a.r.**

TIEMPO PARA ORAR

Ora hoy por las personas de tu lista de *«Cinco principales»*. Pídele a Dios que los atraiga hacia Él.

ANOTACIÓN EN EL DIARIO, DÍA UNO

Selecciona. **I**dentifica. **E**studia. **N**utre tu mente. **T**oma la costumbre de orar. **A**nota aquello que Dios te dice.

_____

_____

_____

_____

_____

_____

_____

_____

_____

_____

_____

_____

_____

_____

_____

_____

_____

_____

_____

_____

_____

_____

_____

Ofrece alabanza. **R**egresa. **A**cude. **R**enuncia.

PREPARAR TU HISTORIA DE CRISTO

Cuenta tu historia de un modo convincente.

El apóstol Pablo se enfrentaba a un juicio a vida o muerte. Se le acusaba de decir a la gente que Jesús es el Rey y de llamar a todos a confiar en Él y seguirlo. No obstante, en una época en la que se debía plena lealtad al César, el mensaje de Pablo se consideraba peligroso. Encadenado ante el rey Agripa, Pablo se defendió de estos cargos y explicó cómo había llegado a creer en Jesús.

Esta dramática historia se narra en **(Hechos 26,1-29)**. Durante este juicio, Pablo dio un ejemplo de cómo se debe narrar un testimonio personal. Un testimonio eficaz puede dividirse en tres etapas:

La primera etapa se centra en cómo era tu vida ANTES de conocer a Cristo.
Pablo explicó que era muy religioso y que seguía las leyes de Moisés, practicando el judaísmo más estricto. Habló también del odio que sentía anteriormente por los cristianos, hasta el punto de asesinar a algunos de ellos y de mandar a otros a la cárcel **(Hechos 26,4-11)**. Pero eso fue antes de conocer a Jesús. Debe comenzar tu testimonio narrando cómo era tu vida antes de conocer a Jesús. ¿Cómo era tu vida? ¿Te criaste en un hogar religioso o irreligioso? ¿Cómo moldeó ese entorno tu forma de pensar? ¿Cómo viviste tu vida por aquel entonces? ¿Buscabas a Dios o vivías por tu cuenta? Procura no glorificar tus pecados en este punto. No se trata de jactarte de lo malo que eras, sino de explicar cuánto necesitabas a Jesús. Tu historia comienza con tu vida antes de Jesús.

La segunda etapa se centra en CÓMO conociste a Jesús.
Pablo prosiguió narrando que partió hacia Damasco para perseguir a los cristianos y en el camino se encontró a Jesús, que lo derribó dejándolo ciego. Fue entonces cuando Jesús le habló y le dijo: *«Saulo, Saulo, ¿por qué me persigues?»* Asimismo, dijo Jesús a Pablo que desde ese momento en adelante iba a transmitir el mensaje del Evangelio por el mundo, diciendo a los demás que acudieran a Jesús para el perdón y la salvación **(Hechos 26,12-18)**. Así conoció Pablo a Jesús. Tu historia tiene que pasar de narrar cómo era tu vida antes de Cristo a la parte en la que llegas a escuchar el Evangelio y creer en Jesús. Puedes hablar de las circunstancias que te llevaron a escuchar el Evangelio. ¿Quién lo compartió contigo? ¿Qué provocó que estuvieras abierto al Evangelio? ¿Qué crisis o problemas tenías en ese momento? Cuenta cómo llegaste a orar para recibir a Cristo y creer en Él.

La etapa final se centra en cómo ha cambiado tu vida DESPUÉS de conocer a Cristo.

Pablo dijo a Agripa que su vida había cambiado por completo tras conocer a Jesús. Hasta entonces, Pablo perseguía a los cristianos; posteriormente, fue un misionero apasionado que hablaba a la gente de cómo conocer a Jesús y fundar iglesias allá donde fuera. En esta etapa quieres hablar del impacto que ha generado Jesús en tu vida. Quizá antes eras una persona iracunda, pero Jesús dio paz a tu corazón. Quizá antes te movías por los éxitos terrenales, pero ahora vives con una perspectiva eterna. Quizá antes vivías atenazado por la culpa, pero ahora has encontrado el perdón y la libertad. Trata de no centrarte tanto en ti, sino en el poder de Jesús para transformar una vida.

Aquí te dejo algunos consejos para preparar tu historia. En primer lugar, que sea breve y sencilla. Deberías poder contar tu testimonio en un máximo de dos minutos. Intenta que sea breve para generar el máximo impacto posible.

En segundo lugar, piensa en el tema general de tu historio y luego vincula las tres etapas al mismo. Pongamos que tu tema es la esperanza. Antes de Cristo, no tenías esperanza, pero escuchaste que Jesús podría renovar tu vida y darte una nueva esperanza. Y ahora vives con una gran esperanza. Piensa en el tema que va a unir los pedazos de tu historio.

Por último, sé honesto respecto a tus dificultades actuales. No todo en tu vida va a ser perfecto solo por haber conocido a Jesús. Admitir que Jesús continúa ayudándote a crecer no hace más que añadir credibilidad a tu historia.

TIEMPO PARA REFLEXIONAR

¿Cuál es el tema general de tu historio?

_____

_____

_____

_____

_____

_____

_____

_____

_____

¿Cómo se identifica ese tema con tu vida anterior a Cristo? ¿Cómo conociste a Cristo?
¿Cómo ha transformado Cristo tu vida?

_____

_____

_____

_____

_____

_____

_____

_____

_____

TIEMPO PARA PRÁCTICA

Repasa los versículos de las Escrituras que debes memorizar esta semana.

«Por cuanto todos pecaron, y están destituidos de la gloria de Dios». **(Romanos 3,23)**

*«Porque la paga del pecado es muerte,
mas la dádiva de Dios es vida eterna en Cristo Jesús Señor nuestro».* **(Romanos 6,23 ESV)**

Lee **(Hechos 9,20-43)**.
Mientras lees no te olvides, que es importante que uno recuerda a los acrósticos **s.i.e.n.t.a.** y **o.r.a.r.**

Repasa tu frase *«Voy a»* de esta semana.

Escribe tu «historia de Cristo» empleando el formato que hemos explicado hoy. Procura que no supere los dos minutos.

TIEMPO PARA ORAR

Dale las gracias a Dios por el poder de tu «historia de Cristo» única. Pídele que te ayude a contarla con osadía.

ANOTACIÓN EN EL DIARIO, DÍA DOS

Selecciona. **I**dentifica. **E**studia. **N**utre tu mente. **T**oma la costumbre de orar. **A**nota aquello que Dios te dice.

_____

_____

_____

_____

_____

_____

_____

_____

_____

_____

_____

_____

_____

_____

_____

_____

_____

_____

_____

_____

_____

_____

_____

_____

Ofrece alabanza. **R**egresa. **A**cude. **R**enuncia.

TUS HISTORIAS DE CRISIS

Jesús puede usar tu debilidad principal como tu testigo principal.

Hasta ahora hemos estado hablando de tu testimonio, de tu historio de salvación. Sin embargo, estoy seguro de que si haces recuento de tu vida encontrarías muchas historias, aparte de tu salvación, donde Jesús cubrió una necesidad o te inspiró de un modo especial. Normalmente, estas historias van vinculados a alguna crisis o problema que hemos experimentado. Estas historias suelen tener mucha eficacia a la hora de orientar a las personas a Jesús.

Había un joven que nació ciego y se postraba cada día en el templo pidiendo limosna. Un día, Jesús pasó a su lado y tuvo misericordia de él. Le cubrió los ojos con barro y le mandó que fuera a lavarse en el estanque de Siloé. ¡El hombre se lavó los ojos y pudo ver de inmediato!

Este milagro armó mucho revuelo. Todo el mundo hablaba de su curación. Por desgracia, a los líderes religiosos no les entusiasmaba tanto. Jesús había curado al hombre en el dia de reposo, algo que, según su tradición, iba contra la ley. Llevaron a ese hombre a la sinagoga para interrogarlo. Incluso trajeron a los padres para corroborar que había nacido ciego. Cuando le preguntaron cómo se había producido este milagro y si Jesús había pecado por curar en el dia de reposo, el joven se limitó a responder: *«Si es pecador, no lo sé; una cosa sé, que habiendo yo sido ciego, ahora veo»* **(Juan 9,25)**. A este hombre no le interesaban los debates profundos. Solo sabía que había nacido ciego y ahora podía ver. Para este hombre, esta crisis de ceguera en su vida se convirtió en una plataforma para hablar de Jesús.

Otro gran ejemplo es el hombre lleno de demonios. Antes de su encuentro con Jesús, ese hombre era literalmente un salvaje: corría por todos lados en la noche, gritaba de dolor y vivía en los cementerios. Pero un buen día conoció a Jesús y su vida cambió por completo. Iba vestido y estaba cuerdo: un hombre totalmente nuevo. Suplicó a Jesús que le dejara viajar con Él, pero Jesús le tenía reservado otros planes. Jesús le dijo: *«Vete a tu casa, a los tuyos, y cuéntales cuán grandes cosas el Señor ha hecho contigo y cómo ha tenido misericordia de ti»* **(Marcos 5,19)**. El hombre obedeció a Jesús y regresó a su familia y los suyos para contar su increíble historia. Como consecuencia, mucha gente aceptó el Evangelio. El horrible pasado de este hombre se convirtió en una plataforma para hablar del poder de Jesús.

En ambos casos, estos hombres experimentaron algo malo — una crisis, una tragedia, un problema — y descubrieron que Jesús fue más que capaz de ayudarlos.

Todos tenemos historias de este tipo. Hemos sufrido momentos de crisis o dificultades, pero Jesús soportó nuestra carga e incluso la convirtió en algo positivo para nuestras vidas. Yo las llamo tus «*historias de crisis*». Son tus historias personales de momentos en los que sufriste una crisis y descubriste que Jesús te ayudó a lidiar con ello.

Tienes tu testimonio de salvación, pero también necesitas historias posteriores a la misma donde hayas experimentado el poder de Dios de un modo especial. Estas historias son también muy eficaces a la hora de orientar a las personas a Jesús.

(Romanos 8,28) dice: «*Y sabemos que a los que aman a Dios, todas las cosas les ayudan a bien, esto es, a los que conforme a su propósito son llamados*». En este versículo no se dice que todo es bueno. En nuestra vida nos ocurren cosas que son terribles y dolorosas. En este versículo se promete a aquellos que aman a Jesús y que están comprometidos a seguir Su propósito en sus vidas, que Dios puede emplear incluso las cosas malas para el bien.

Lo he oído muchas veces: «*Tu miseria es tu ministerio*», o «*Tu dolor es tu plataforma*». Cuando hablas abiertamente del sufrimiento en tu vida y de cómo Jesús ha sacado lo bueno de ello, se convierte en una historia poderoso de gracia y curación que atrae a las personas a Jesús.

TIEMPO PARA REFLEXIONAR

¿Qué situación dolorosa o crisis podrías contar para demostrar el poder de Jesús en tu vida?

_____

_____

_____

_____

_____

_____

_____

_____

_____

Pensando en aquellas personas que te rodean y que sufren alguna crisis,
¿cómo podrían identificarse con tu historia para acercarse a Jesús?

_____

_____

_____

_____

TIEMPO PARA PRÁCTICA

Repasa los versículos de las Escrituras que debes memorizar esta semana.

«Por cuanto todos pecaron, y están destituidos de la gloria de Dios». **(Romanos 3,23)**

*«Porque la paga del pecado es muerte,
mas la dádiva de Dios es vida eterna en Cristo Jesús Señor nuestro».* **(Romanos 6,23)**

Lee **(Hechos 10,1-23)**.
Mientras lees no te olvides, que es importante que uno recuerda a los acrósticos **s.i.e.n.t.a.** y **o.r.a.r.**

Repasa tu frase *«Voy a»* de esta semana.

Escribe tus *«historias de crisis»* de las que hemos hablado hoy.

TIEMPO PARA ORAR

Ora hoy por las personas de tu lista de *«Cinco principales»*. Pídele a Dios que los atraiga hacia Él.

ANOTACIÓN EN EL DIARIO, DÍA TRES

Selecciona. **I**dentifica. **E**studia. **N**utre tu mente. **T**oma la costumbre de orar. **A**nota aquello que Dios te dice.

_____
_____
_____
_____
_____
_____
_____
_____
_____
_____
_____
_____
_____
_____
_____
_____
_____
_____
_____
_____
_____
_____
_____
_____

Ofrece alabanza. **R**egresa. **A**cude. **R**enuncia.

PROGRESAR CONVERSACIONES: PRIMERA PARTE

Toda conversación tiene potencial para cambiar una vida.

Jesús era un maestro en eso de convertir conversaciones informales en momentos que transforman vidas. Ya fuera una conversación con poderosos líderes religiosos al amparo de la noche o un debate público con los mercaderes más corruptos de la ciudad, Jesús sabía cómo tratar a las personas y progresar la conversación a cuestiones espirituales. ¿Cómo lo hacía? ¿Cómo tomaba las situaciones más mundanas y las convertía en momentos determinantes? Son preguntas que llevo mucho tiempo intentando responder.

Cuando era un joven cristiano quería compartir mi fe, pero me sentía muy incómodo cuando sacaba el tema. Sentía que estaba tratando de provocar una conversación con alguien que no estaba interesado. Me parecía un gran salto pasar de «Parece que va a llover» a «si murieses esta noche, ¿dónde pasarías la eternidad?» Por lo general, la gente respondía educadamente, pero salía de la conversación lo antes posible.

Por otra parte, no quería hablar por primera vez a la gente y saltar a una conversación en la que sentía que estaba vendiendo algo en lugar de hablar de una persona que me había cambiado la vida. Esta cuestión de «entrar en la conversación» me ha hecho reflexionar mucho durante años. He probado muchas estrategias diferentes. Hablando con personas que son expertas en compartir su fe, he descubierto una técnica que Jesús empleaba magistralmente. Prácticamente en cada conversación, Jesús trataba de progresar la conversación de informal y común a espiritual y significativa.

Volvamos a Juan 4 y a la conversación de Jesús con la mujer del pozo. Comienza con una conversación informal, hablando brevemente sobre el agua. Simplemente inicia una conversación pidiendo a la mujer algo de beber. Una vez que capta su atención, progresa algo más en la conversación, le habla de su vida y le pide que llame a su esposo. Cuando admite que no tiene esposo, Jesús progresa aún más hasta llegar a una conversación significativa sobre las dificultades de la mujer.

Ella trata de evitar la conversación sacando a la palestra el controvertido tema de cuál es el mejor lugar de culto. Pero incluso en ese caso aprovecha Jesús la ocasión para plantear cuestiones espirituales, y le habla sobre el tipo de adoracion que busca el Padre.

Cuando ella le dice «*cuando el Mesías venga, nos declarará todas las cosas*», Jesús se revela como aquél a quien ella buscaba: el Mesías ha llegado. He estudiado este pasaje una y otra vez durante años, y un día se me ocurrió que Jesús había estado progresando a propósito la conversación con la mujer en todo momento. De hecho, progreso a esta mujer a lo largo de cinco niveles de conversación, cada uno más revelador y significativo que el anterior. Una persona experta en compartir su fe sabe bien cómo progresar las conversaciones. Y te voy a enseñar cómo se hace.

Empieza con una conversación informal.

En el ejemplo de la mujer samaritana, Jesús se aventuró e inició la conversación. En aquella época, los hombres no se dirigían a las mujeres; y menos un hombre judío a una mujer samaritana. Había una enorme desigualdad social entre estas dos personas. Pero Jesús decidió aventurarse y le habló.

Así es como empieza una conversación. Alguien tiene que empezar a hablar. Quizá este sea el escollo más difícil para empazar las conversaciones. Resulta más sencillo quedarse callado y leer un libro, mirar el teléfono, ponerse los auriculares, o simplemente hacer cualquier cosa que no sea hablar. En muchas ocasiones, la gente prefiere no entablar una conversación, de modo que optan por mirar a otro lado o no hacer caso a las personas que les rodean. Podemos justificar este comportamiento pensando «*estoy ocupado ahora mismo*» o «*no tengo tiempo para una conversación profunda*».

Pero si nadie habla nunca, ¿cómo puede alguien oir sobre el mensaje de Cristo? Si no abres la boca, ¿cómo vas a poder contar lo que ha hecho Dios por ti? El primer paso es simplemente empezar a hablar.

¿Y cómo empiezas a hablar con alguien a quien no conoces? Jesús empezaba con una conversación informal. Abordó a esa mujer para hablarle sobre lo que estaba haciendo en ese momento: extraer agua. Por lo general, la mejor forma de conocer a alguien nuevo es empezar a hablar lo antes posible. Puedes presentarte y preguntarle su nombre. Ese es siempre un buen comienzo.

Puedes comentar algo que está haciendo, o bien una experiencia común. Puedes decir algo del tipo «*cuánta gente hay hoy en el mercado*» o «*volar me pone muy nervioso*». Puedes observar algo en esa persona y hacer algún comentario al respecto. Si lleva una gorra de un equipo de fútbol, puedes decirle «*¿cómo va tu equipo?*» Si lleva el logotipo de alguna universidad, puedes comentar algo sobre la misma.

Hay muchas formas de entablar una conversación, pero el primer paso es la charla informal. Y en la charla informal no se habla de la persona, sino de las circunstancias o el entorno.

TIEMPO PARA REFLEXIONAR

¿Te ha resultado difícil o sencillo iniciar conversaciones? ¿Por qué?

_____

_____

_____

_____

_____

_____

_____

_____

_____

¿Cuándo fue la última vez que entablaste una conversación con alguien a quien no conocías?
¿Qué tal fue?

_____

_____

_____

_____

_____

_____

_____

_____

_____

_____

_____

_____

_____

_____

_____

_____

TIEMPO PARA PRÁCTICA

Repasa los versículos de las Escrituras que debes memorizar esta semana.

«Por cuanto todos pecaron, y están destituidos de la gloria de Dios». **(Romanos 3,23)**

*«Porque la paga del pecado es muerte,
mas la dádiva de Dios es vida eterna en Cristo Jesús Señor nuestro».* **(Romanos 6,23)**

Lee **(Hechos 10,24-48)**.
Mientras lees no te olvides, que es importante que uno recuerda a los acrósticos **s.i.e.n.t.a.** y **o.r.a.r.**

Repasa tu frase «*Voy a*» de esta semana.

Repasa tu «*historia de Cristo*» y tus «*historias de crisis*».

TIEMPO PARA ORAR

Ora hoy por las personas de tu lista de «*Cinco principales*». Pídele a Dios que te dé la oportunidad de progresar una conversación con alguien de tu lista de «*Cinco principales*» esta semana.

ANOTACIÓN EN EL DIARIO, DÍA CUATRO

Selecciona. **I**dentifica. **E**studia. **N**utre tu mente. **T**oma la costumbre de orar. **A**nota aquello que Dios te dice.

_____

_____

_____

_____

_____

_____

_____

_____

_____

_____

_____

_____

_____

_____

_____

_____

_____

_____

_____

_____

_____

_____

_____

Ofrece alabanza. **R**egresa. **A**cude. **R**enuncia.

PROGRESAR CONVERSACIONES: SEGUNDA PARTE

Para llegar a lo personal se necesita confianza y honestidad.

Una vez que has conseguido entablar la conversación a nivel informal, es el momento de avanzar al siguiente paso.

Progresar de una conversación informal a una conversación personal.

Una vez que has entablado una conversación informal, toca pasar a algo más personal. Tienes que progresar la conversación de las circunstancias o el entorno a algo personal sobre el individuo con el que estás hablando en ese momento.

Y para ello, lo mejor es formular preguntas. Puedes decir del tipo «*volar me pone muy nervioso*». Y luego le preguntas «*¿y tú? ¿Sueles volar mucho?*» Esa pregunta hace que la conversación pase de informal a personal.

Si ves que lleva una gorra un equipo de fútbol puedes decirle «*¿Siempre has sido aficionado a este equipo?*» Puedes complementar esa pregunta con otra del tipo «*¿cómo es que te hiciste aficionado del club?*» Las preguntas naturales son las más adecuadas para llegar a lo personal.

En este punto, podrás saber ya si esa persona está dispuesta a conversar o no. Si te contesta con respuestas cortas y monosilábicas y luego no te presta atención, la conversación no esta progresando. Sin embargo, mucha gente está deseando encontrar a alguien con quien hablar, y normalmente su tema favorito es ellos mismos. Cuando hablen de ellos mismos, formula buenas preguntas.

Una vez, en un avión, entablé conversación con el hombre que estaba sentado a mi lado. Empezamos hablando sobre volar, y le pregunté hacia dónde iba. Estaba en un viaje de negocios y estaría fuera varios días. Luego le pregunté en qué sector trabajaba, y me dijo que representaba a una multinacional de neumáticos. Durante la media hora siguiente, le hice todo tipo de preguntas sobre la fabricación de los neumáticos. Me contó cómo se diseñaban, cómo se hacían los moldes y cómo se probaban en busca de defectos. Fue una conversación fascinante. Empezó de manera informal, pero luego se volvió personal, aunque no demasiado. No le pregunté cuánto dinero ganaba ni cuántas veces se había casado. Preferí mantener la conversación sencilla y progresando.

En nuestra cultura, pocas veces nos molestamos en escuchar e interesarnos de verdad por otra persona. Estamos tan enfocados en nuestras ideas y nuestros proyectos que muchas veces no reparamos en los demás, y mucho menos nos paramos a escuchar. Por ello, formular las preguntas adecuadas y no hablar de uno mismo suele ser algo original e intrigante.

Progresar de una conversación personal a una conversación significativa.

Una vez que estés hablando de cosas informales y algo personales, el siguiente paso es progresar la conversación hacia algo significativo. En una conversación significativa, debes hablar de algún sentimiento o alguna dificultad que esté atravesando. Empiezas a rascar la superficie para descubrir cómo está llevando su vida.

Jesús lo hizo hablando sobre las complicadas relaciones de la mujer. Durante su conversación, Jesús le pidió que trajera a su esposo. Cuando le admitió que no tenía esposo, Jesús confirmó que era cierto, y le dijo que había estado casada cinco veces pero no estaba casada con el hombre con el que convivía en ese momento. Aquí vemos que Jesus progreso la conversación de personal a significativo en un modo muy efectivo.

Aunque tú no tengas esa perspicacia o información, puedes formular preguntas que conlleven una respuesta significativa. Puedes abordar a las personas con preguntas que los recuerda de situaciones difíciles.

Si estás hablando del trabajo de una persona, puedes preguntar «¿qué es lo que más te estresa de tu trabajo?» Es muy interesante ver cómo responde la gente a una pregunta de ese tipo. También puedes decir algo como «debe de ser complicado conciliar el trabajo y la familia. ¿Cómo lo consigues?»

El objetivo es abordar situaciones significativas que estén experimentando en ese momento. Toda pregunta que exija revelar una dificultad o un sentimiento hará que la conversación progresa) de lo superficial para llegar a algo significativo. Para llegar a este nivel de conversación se necesita confianza y honestidad.

En la mayoría de ocasiones, si hablas de una dificultad propia, es más probable que la otra persona se sienta cómoda haciendo lo mismo. Recuerda que a las personas les cuesta abrirse, especialmente con alguien a quien conocen poco. La persona con la que estás hablando notará tu interés y atención genuinos. Cuanta más atención le prestes, más dispuesta estará a abrirse.

Si la otra persona se siente cómoda hablando contigo, responderá a tus preguntas y se abrirá a contarte sus dificultades. Si no está dispuesta a abrirse de esa manera, tratará de cerrar la conversación.

En cierto modo, progresar conversaciones es como recorrer un pasillo lleno de puertas. Al empujar suavemente una puerta, si esta se abre, te lleva a otra puerta. Debes seguir empujando suavemente puertas hasta encontrar una que no se abra. En definitiva, es el Espíritu Santo quien trabaja en todo momento progresando la conversación, y abriendo los corazones en el proceso. No es tu trabajo forzar una puerta, sino estar disponible para empujarla suavemente y ver a dónde te lleva el Espíritu.

TIEMPO PARA REFLEXIONAR

¿Cuándo fue la última vez que tuviste una conversación que progreso de personal a significativa?
¿Qué ocurrió para progresar ese cambio en la conversación?

_____

_____

_____

_____

_____

_____

_____

_____

_____

_____

¿Qué impide a las personas compartir cosas significativas?
¿Cómo puedes mitigar esos impedimentos al hablar con ellas?

_____

_____

_____

_____

_____

_____

_____

_____

_____

_____

_____

TIEMPO PARA PRÁCTICA

Repasa los versículos de las Escrituras que debes memorizar esta semana.

«Por cuanto todos pecaron, y están destituidos de la gloria de Dios». **(Romanos 3,23)**

«Porque la paga del pecado es muerte,
mas la dádiva de Dios es vida eterna en Cristo Jesús Señor nuestro». **(Romanos 6,23)**

Lee **(Hechos 11,1-18)**.
Mientras lees no te olvides, que es importante que uno recuerda a los acrósticos **s.i.e.n.t.a.** y **o.r.a.r.**

Repasa tu frase *«Voy a»* de esta semana.

Repasa tu *«historia de Cristo»* y tus *«historias de crisis»*.

TIEMPO PARA ORAR

Ora hoy por las personas de tu lista de «Cinco principales». Pídele a Dios que te dé la oportunidad de progresar una conversación con alguien de tu lista de «Cinco principales» esta semana.

ANOTACIÓN EN EL DIARIO, DÍA CINCO

Selecciona. **I**dentifica. **E**studia. **N**utre tu mente. **T**oma la costumbre de orar. **A**nota aquello que Dios te dice.

_____

_____

_____

_____

_____

_____

_____

_____

_____

_____

_____

_____

_____

_____

_____

_____

_____

_____

_____

_____

_____

Ofrece alabanza. **R**egresa. **A**cude. **R**enuncia.

PROGRESAR CONVERSACIONES: TERCERA PARTE.

Tocar el alma es la responsabilidad del espíritu.

Una vez que hayas entablado una conversación informal y luego progresado a algo más personal o incluso significativo, estás preparado para pasar a la siguiente paso.

Progresar una conversación de significativa a espiritual.

En este punto es donde introduces un aspecto espiritual a la conversación. Cuando Jesús progreso la conversación a un nivel significativo, la mujer trató de evitarla planteando una controversia religiosa relacionada con la adoración. Jesús abordó su planteamiento, y le habló del tipo de adoradores que busca el Padre. Esta fue la primera ocasión en la conversación que Jesús mencionó a Dios. Ahora la conversación progreso a un nivel espiritual.

Una vez que hayas entrado en una conversación significativa sobre las cosas importantes para esa persona, las dificultades que sufre o su sentir respecto a algún tema, es el momento de adoptar un tono espiritual. Para ello, lo más recomendable es abordar la dificultad que te acaba de contar, para luego mostrarle cómo Jesús te ayudó a superar una dificultad similar.

A la hora de preguntarle cómo concilia el trabajo y la familia, puedes decirle «*a mí también me cuesta conciliar el trabajo y la familia. He descubierto que tengo que orar mucho para mantener el equilibrio de todo. Sin embargo, cuando pido ayuda al Señor mediante la oración, puedo conciliarlo todo*».

Una vez que hayas introducido la idea de la oración o de Dios, habrás entrado en una conversación espiritual. Estas conversaciones describen algún tipo de crisis o situación problemática que tenemos, y puedes decir: «*cuando yo he pasado por dificultades de ese tipo, he descubierto que pertenecer a una iglesia que ora por mí ayuda enormemente*». Identificarte con su dificultad y mostrarle cómo te ha ayudado Dios en una situación similar progresa la conversación a un nivel espiritual.

Aquí es donde entran en juego tus «*historias de crisis*». Aunque tu situación no sea exactamente igual, puedes hablar de una época difícil en tu vida, y de cómo te ayudó o cuidó de ti Jesús.
Recuerda que estas historias son muy poderosas. Cuando le cuentes tu historia, puedes hacerle una pregunta muy sencilla. «*¿Te criaste con algún tipo de trasfondo espiritual?*» No es una pregunta incómoda. Es simplemente preguntar si tiene un trasfondo espiritual. Puede que diga que sí y que te cuente que creció yendo a la iglesia o en otro entorno religioso, o bien puede que diga que no. Sea

como sea, ya estás teniendo una conversación espiritual sin que se sienta incómodo.

Una vez me senté en el avión junto a una joven que tendría poco más de veinte años. Cuando se sentó, me presenté y empezamos a hablar. Observé que tenía una revista sobre caballos, así que le pregunte sobre ello. Me contó que competía como jinete y me enseñó fotos de ella montada en su caballo. Le dije que yo tenía dos hijas, y que una de ellas tenía más o menos su edad e iba a la universidad. (Ya hemos progresado de conversación informal a personal.) Luego le pregunté si iba a la universidad y dónde se había criado.

En el transcurso de la conversación, me contó que se había distanciado de sus padres. Se notaba que era un tema delicado para ella y que aún le dolía esa situación. De modo que le dije «*cuando tengo dificultades en casa, me conforta mucho pertenecer a una iglesia que ora por mí. ¿Tú tienes algo parecido?*» Me respondió rápidamente que iba con frecuencia a una iglesia metodista a la que acudía toda su familia desde hacía años. En muy poco tiempo, la conversación progreso de informal a personal a significativa a espiritual.

Progresar una conversación de espiritual al Evangelio.

Una vez que entables una conversación espiritual, puedes progresarla hacia el Evangelio. Para ello, es fundamental que cuentes tu «*historia de Cristo*». Cuando hagas la pregunta de «*¿Te criaste con algún tipo de trasfondo espiritual?*», sea cual sea su respuesta, deberás contar tu «*historia de Cristo*». Si te dice que «*sí, crecí yendo a la iglesia*», puedes hacer mas preguntas en el tema. ¿Qué tipo de iglesia? ¿Por qué elegiste esa en concreto? ¿Qué es lo que te gusta de ella?

A continuación, puedes decir «*bueno, mi historia es algo diferente*», y luego pasas a contar tu historia personal de cómo llegaste a conocer a Jesús. Al terminar tu historia, puedes preguntar «*¿a ti te ha sucedido algo similar?*» Si te responde que sí, le dices «*¡Estupendo! ¡Háblame de ello!*» Si te responde que no, le dices «*un buen día, un amigo me enseñó un pequeño diagrama que me ayudó a comprender cómo podía conocer a Dios de un modo verdadero y personal. ¿Quieres verlo?*» Debes recordar que solo estás empujando suavemente la puerta para ver si esa persona está abierta a escuchar el Evangelio. Si no es así, no te preocupes. Solo estás siguiendo el camino que te marca el Espíritu. Pero si está dispuesta, puedes dibujarle un sencillo diagrama que explica el Evangelio en dos minutos.

Hace poco, un hombre vino a recoger una mesa que su esposa había comprado de mi familia. Cuando hubo terminado de cargar todo en su camioneta, empezamos a hablar. Primero hablamos sobre la mesa que había comprado. En el transcurso de la conversación, me contó que era camionero. Le hice un montón de preguntas sobre los camiones que manejaba y su compañía de transportes. Seguidamente, le dije «*debe de ser muy estresante y peligroso estar siempre en la carretera*». Asintió y me habló de ciertas ocasiones en las que se había salvado por poco de accidentes en la carretera. Yo le hablé de un trágico accidente que se llevó la vida de un amigo íntimo. Noté que cambió el gesto y percibió lo sensible de ese momento. Le dije «*uno tiene que estar preparado para afrontar la muerte, porque nos llega cuando menos la esperamos*».

Él asintió. A continuación, añadí: «*Oye, pues la Semana Santa está a la vuelta de la esquina; ¿pertenecéis a alguna iglesia?*» Me habló de una iglesia a la que fue un tiempo, pero estaba claro que no solían ir mucho. Le animé a llevar a su familia a la iglesia en Semana Santa. Y añadí: «*la iglesia es importante, pero no es lo más importante. Lo más importante es conocer a Dios de un modo personal*».

Sentí que era el momento adecuado y procedí a contarle mi historia personal de que me crié yendo a la iglesia, pero en realidad no conocía a Cristo. Sin embargo, un día llegué a encontrarme con Jesús por mí mismo. Observé que estaba interesado y me escuchaba. Le pregunté si había experimentado algo parecido. Negó con la cabeza. Como estábamos en la entrada de mi casa no tenía papel y lápiz a mano, así que le expliqué el Evangelio de la manera más concisa y sencilla posible. Cuando terminé, él no estaba preparado para decidirse, pero agradeció el interés y me prometió que llevaría a su familia a la iglesia.

Cuando pienso en esa conversación, estoy seguro de que el Espíritu de Dios iba delante de mí, abriendo puertas y hablando al corazón de ese hombre. Pese a que no tomó ninguna decisión en ese momento, sí estaba abierto a escuchar el Evangelio. ¡Eso es una gran victoria! Estoy convencido de que Dios pondrá esa conversación en su cabeza en los próximos días.

¡Todas las conversaciones son importantes! Toda conversación es una oportunidad para dirigir a las personas a Jesús.

He aquí ciertas reflexiones a tener en cuenta:

1. La clave para que las conversaciones progresan es formular muchas preguntas. Pero no olvides escuchar cuando hagas esas preguntas. Escucha las respuestas y escucha el mando del Espíritu cuando hables.

2. Cuando hayas conseguido progresar la conversación a un nivel, podrás retomarla en ese mismo nivel cuando vuelvas a hablar con esa persona. Si ya has progresado del paso personal a la significativa con un compañero de trabajo, puedes retomar la conversación en ese punto significativo y seguir progresando. Puedes decir: «*Oye, he estado orando por tu situación*». Esta frase llevará por naturaleza a una conversación espiritual.

3. Muéstrate cariñoso e interesado sinceramente en la persona. Esa persona es importante para Dios, y debe serlo también para ti.

4. Debes estar pendiente y alerta para saber hacia dónde el Espiritu progresa la conversación. Si una puerta no está abierta, no la derribes. Puedes hacer más daño que bien.

5. Cada vez que progresas de nivel en una conversación, es una victoria. La victoria no se limita a llevar a una persona a Cristo. Según el momento, simplemente iniciar una conversación puede considerarse una victoria; en otros momentos, la victoria puede ser tener una conversación significativa. Nos encantaría que fuera posible llevar a una persona a Cristo en todas las ocasiones, pero la realidad es que normalmente se necesitan muchas conversaciones para que el Espíritu pueda llevar a una persona hasta el punto de estar preparada para escuchar y responder al Evangelio. Celebra cada vez que la conversación vaya progresando. La única vez en que no hay una victoria es cuando no dices nada.

TIEMPO PARA REFLEXIONAR

¿Qué hace progresar una conversación de significativa a espiritual?

_____
_____
_____
_____
_____
_____
_____
_____
_____

¿Qué hace progresar una conversación de espiritual al Evangelio?

_____
_____
_____
_____
_____
_____
_____
_____
_____

¿Cuál de las «reflexiones finales» que hemos puesto al final te llama más la atención? ¿Por qué?

_____
_____
_____
_____
_____
_____
_____

TIEMPO PARA PRÁCTICA

Repasa los versículos de las Escrituras que debes memorizar esta semana.

«Por cuanto todos pecaron, y están destituidos de la gloria de Dios». **(Romanos 3,23)**

«Porque la paga del pecado es muerte,
mas la dádiva de Dios es vida eterna en Cristo Jesús Señor nuestro». **(Romanos 6,23)**

Repasa tu frase *«Voy a»* de esta semana.

Lee **(Hechos 11,19-30)**.
Mientras lees no te olvides, que es importante que uno recuerda a los acrósticos **s.i.e.n.t.a.** y **o.r.a.r.**

Repasa tu *«historia de Cristo»* y tus *«historias de crisis»*.

TIEMPO PARA ORAR

Ora hoy por las personas de tu lista de *«Cinco principales»*. Pídele a Dios que los atraiga hacia Él.

ANOTACIÓN EN EL DIARIO, DÍA SEIS

Selecciona. **I**dentifica. **E**studia. **N**utre tu mente. **T**oma la costumbre de orar. **A**nota aquello que Dios te dice.

_____

_____

_____

_____

_____

_____

_____

_____

_____

_____

_____

_____

_____

_____

_____

_____

_____

_____

_____

_____

_____

_____

Ofrece alabanza. **R**egresa. **A**cude. **R**enuncia.

TU DÍA PARA ORAR

Hoy no tienes ninguna lectura adicional. Dedica tiempo a la Palabra de Dios, escucha Su voz y ora fervientemente por tus amigos perdidos.

TIEMPO PARA REFLEXIONAR

¿Qué se necesita para conseguir que cada conversación sea significativa?

_____

_____

_____

_____

_____

_____

_____

_____

¿Cuándo fue la última vez que compartiste el Evangelio con alguien? ¿Cómo fue esa experiencia?

_____

_____

_____

_____

_____

_____

_____

_____

TIEMPO PARA PRÁCTICA

Repasa los versículos de las Escrituras que debes memorizar esta semana.

«Por cuanto todos pecaron, y están destituidos de la gloria de Dios». **(Romanos 3,23)**

«Porque la paga del pecado es muerte,
mas la dádiva de Dios es vida eterna en Cristo Jesús Señor nuestro». **(Romanos 6,23)**

Repasa tu frase *«Voy a»* de esta semana.

Lee **(Hechos 12,1-25)**.

Mientras lees no te olvides, que es importante que uno recuerda a los acrósticos **s.i.e.n.t.a.** y **o.r.a.r.**

Repasa tu *«historia de Cristo»* y tus *«historias de crisis»*.

SEMANA **TRES**

PARA EL TRABAJO EN GRUPO

Mi frase ***«Voy a»*:**
En la línea de lo que acabo de estudiar, esta semana voy a poner en práctica lo siguiente:

_____
_____
_____
_____
_____
_____
_____
_____
_____
_____
_____
_____

ANOTACIÓN EN EL DIARIO, DÍA SIETE

Selecciona. **I**dentifica. **E**studia. **N**utre tu mente. **T**oma la costumbre de orar. **A**nota aquello que Dios te dice.

_____

_____

_____

_____

_____

_____

_____

_____

_____

_____

_____

_____

_____

_____

_____

_____

_____

_____

_____

_____

_____

_____

_____

Ofrece alabanza. **R**egresa. **A**cude. **R**enuncia.

ANOTACIÓN EN EL DIARIO

Selecciona. **I**dentifica. **E**studia. **N**utre tu mente. **T**oma la costumbre de orar. **A**nota aquello que Dios te dice.

_____

_____

_____

_____

_____

_____

_____

_____

_____

_____

_____

_____

_____

_____

_____

_____

_____

_____

_____

_____

_____

_____

Ofrece alabanza. **R**egresa. **A**cude. **R**enuncia.

COMPARTIR LA HISTORIA
DE DIOS

SEMANA CUATRO

VERSÍCULO PARA MEMORIZAR

«De manera que cada uno de nosotros dará a Dios cuenta de sí».

(ROMANOS 14,12)

EL PODER DEL EVANGELIO

Únicamente Jesucristo puede cambiar una vida.

¿Recuerdas la primera vez que escuchaste el Evangelio? Cuando mi madre estaba embarazada conmigo yo asistia la iglesia cada domingo con mis padres. Es decir, que la asistencia a misa la iglesia siempre ha formado parte de mi vida. Estoy seguro de que me hablaron de Jesús en la guardería infantil de la iglesia y en la escuela de domingodominical cuando era pequeño. Sé que tenía conversaciones espirituales en casa, con mi padre y mi madre, pero recuerdo la primera vez que escuché de verdad el Evangelio. Esta vez lo escuché con el corazón, no solo con los oídos.

Era un niño y estaba en la iglesia un domingo por la mañana. Por algún motivo, no estaba distrido como de costumbre. Dios captó mi atención. Recuerdo que el pastor hablaba de Jesús y de Su amor gran por mí. Recuerdo oírle decir que Cristo me amaba tanto que fue a la cruz para morir en mi lugar. Estoy seguro de que había escuchado esas palabras anteriormente, pero ese día las sentí como nuevas. Esas palabras tenían mucho poder. Quedé inmediatamente convencido de mi pecado y mi necesidad de perdón.

Tras el culto, hablé con un pastor jubilado que se movía entre la multitud hablando con la gente mientras recogían sus cosas para irse a comer. Le pregunté si podía hablar con él un momento. Allí mismo, ante un auditorio vacío, este entrañable pastor me habló de la historia de Jesús, y me preguntó si estaba dispuesto a confiar en Él y seguirlo. Y ese mismo día me puse de rodillas y le pedí a Jesús que me perdonara, me transformara y me guiara. Fue un punto de inflexión en mi vida. La decisión de seguir a Jesús fue un momento determinante que transformó todo el curso de mi vida.

A lo largo de los años, he visto a cientos de personas venir a ese mismo lugar de entrega a Jesús. Y cada vez que un alma sincera clama a Jesús con fe salvadora, decidida a seguir a Jesús, se produce un cambio. Si tu fe no te ha transformado, entonces no te ha salvado. De este poder de transformación habló el apóstol Pablo en **(Romanos 1,16)**: «*Porque no me avergüenzo del evangelio, porque es poder de Dios para salvación a todo aquel que cree; al judío primeramente, y también al griego*».

Pablo conocía de primera mano el poder del Evangelio para transformar una vida. El propio Pablo era un hombre totalmente transformado. Se transformó de asesino a misionero, y todo ello gracias a Jesús. ¡No puede haber un cambio más radical! Cambió su mentalidad. Cambiaron sus objetivos. Cambió su identidad. Cambió su propósito. Cambiaron su actitud y su comportamiento. Pablo se convirtió en una persona nueva.

Por eso no se avergonzaba del Evangelio. No se guardó su fe en Jesús para sí mismo. Era osado porque sabía que si Dios pudo transformarlo a él, podría transformar a cualquiera.

La pregunta lógica es: ¿cómo transforma Dios a una persona? ¿Cómo puede una vida transformarse de un modo tan radical? Pablo dice que todo se debe al Evangelio.

El Evangelio es el «poder de Dios» para la salvación. La palabra «poder» se dice en griego dunamis (ya hemos hablado antes de esta palabra). Se refiere a un poder sobrenatural y milagroso que emana de Dios. ¡En el Evangelio hay un poder divino que transforma vidas!

¿Qué hay en el Evangelio para poseer ese poder transformador? Es el poder de Dios «para la salvación». Al escuchar el Evangelio, la persona toma conciencia de que ha pecado contra un Dios sagrado. Toma conciencia de que la pena de su pecado es la muerte y la separación de Dios. Descubre también el sacrificio de Jesucristo en la cruz que puede perdonarlo y recuperar su relación con Dios.

El Evangelio posee el poder combinado de Dios para convencer, perdonar y restaurar al mundo de pecado. Cuando se predica o se comparte el Evangelio, el Espíritu Santo se pone manos a la obra para convencer, perdonar y restaurar del pecado a una persona descarriada ante Dios.

Y podrás decir: «bueno, conozco a gente que ha escuchado el Evangelio y no ha ocurrido ninguna transformación». Puede que sea cierto. El Evangelio no transforma a todo el mundo. Pablo dice que este cambio es para aquel que «cree». Nadie es indiferente ante el Evangelio. Se puede creer en él, o se puede rechazar. No hay término medio. Los que creen en él se reconcilian con Dios. Aquellos que rechazan el Evangelio pierden el perdón, la transformación y la esperanza que trae consigo.

Pero la buena nueva del Evangelio está a disposición de todo el mundo. Pablo dijo que el Evangelio es tanto para judíos como para gentiles. Los judíos eran los elegidos de Dios. Eran extremadamente religiosos, pero necesitaban el Evangelio. Los gentiles representaban a un pueblo alejado de Dios, con una mentalidad secular y pluralista, pero ellos también necesitaban el Evangelio. Hoy en día, el Evangelio es para todo el mundo. Cuando compartes el Evangelio, lo compartes con el poder de Dios para transformar la vida de una persona y la eternidad para siempre.

TIEMPO PARA REFLEXIONAR

¿Cuándo escuchaste el Evangelio por primera vez?

_____

_____

_____

_____

Piensa en lo diferente que es tu vida ahora gracias a Jesús.

¿Qué es lo que más ha cambiado en tu vida desde que llegaste a la fe en Jesús?

_____

_____

_____

_____

_____

_____

_____

_____

_____

TIEMPO PARA PRÁCTICA

Empieza memorizando el versículo de la Escritura de la semana.

«De manera que cada uno de nosotros dará a Dios cuenta de sí».
(Romanos 14,12)

Repasa tu frase «*Voy a*» de esta semana.

Lee **(Hechos 13,1-12)**.
Mientras lees no te olvides, que es importante que uno recuerda a los acrósticos **s.i.e.n.t.a.** y **o.r.a.r.**

Practica compartiendo tu «*historia de Cristo*» y tus «*historias de crisis*».

Busca hoy mismo oportunidades para tener conversaciones espirituales.

TIEMPO PARA ORAR

Dale gracias a Dios por haber cambiado gracias al poder del Evangelio.

ANOTACIÓN EN EL DIARIO, DÍA UNO

Selecciona. **I**dentifica. **E**studia. **N**utre tu mente. **T**oma la costumbre de orar. **A**nota aquello que Dios te dice.

_____

_____

_____

_____

_____

_____

_____

_____

_____

_____

_____

_____

_____

_____

_____

_____

_____

_____

_____

_____

Ofrece alabanza. **R**egresa. **A**cude. **R**enuncia.

LA SENDA

La senda que uno elige determina su destino.

A lo largo de los próximos días vas a conocer una forma muy sencilla de compartir el Evangelio. El Evangelio comienza «*en el principio*». Hoy en día, no podemos dar por hecho que alguien tiene una cosmovisión bíblica, o incluso que cree en un Dios personal. Es más recomendable partir con la idea de que Dios existe, que Él creó el mundo y que tiene un plan para tu vida.

A la hora de compartir el Evangelio, lo más conveniente es empezar hablando del motivo por el que Dios nos creó a cada uno de nosotros en un principio. Cuando Dios creó el mundo, creó a las personas con el deseo y la capacidad de conocerlo de un modo profundo y personal. Todos nosotros fuimos creados de ese modo. Todos deseamos conocer a Dios y descubrir Su propósito para nuestras vidas.

A la hora de compartir el Evangelio, empieza dibujando una línea con una flecha en su extremo.

SENDA DE LA
VIDA

PAZ

PROPÓSITO

SEGURIDAD

Puedes decir algo como esto: «La senda que uno elige en la vida determina su destino. Si quieres visitar amigos al este de donde vives, no vas a elegir al oeste, pues la senda que eliges determina tu destino. Y del mismo modo, la senda que elegimos en la vida determina el tipo de vida que vamos a tener y dónde vamos a acabar. Esta línea representa la senda de Dios para tu vida. Dios creó a cada persona para conocerlo de un modo profundo y personal. Versículo **(Salmo 16,11)** dice: «*Me mostrarás la senda de la vida; En tu presencia hay plenitud de gozo; Delicias a tu diestra para siempre*».

Escribe «*Senda de vida*» a lo largo de la línea.

Y prosigue: «*A lo largo de esta senda puedes conocer a Dios. Puedes experimentar Su paz y descubrir Su propósito para tu vida, y además puedes tener la seguridad de que estarás con Él durante toda la eternidad cuando mueras*».

Cuando pronuncies esas palabras, puedes escribirlas al final de la línea de la senda: paz, propósito, seguridad.

TIEMPO PARA REFLEXIONAR

¿Cómo has experimentado la paz, el propósito y la seguridad de Dios a lo largo de Su senda?

_____

_____

_____

_____

_____

_____

_____

_____

_____

_____

_____

_____

_____

_____

¿De qué maneras puedes dar las gracias a Dios por permitirte
conocerlo de un modo profundo y personal?

_____

_____

_____

_____

_____

_____

TIEMPO PARA PRÁCTICA

Repasa el versículo de las Escrituras que debes memorizar esta semana.

«De manera que cada uno de nosotros dará a Dios cuenta de sí».
(Romanos 14,12)

Lee **(Hechos 13,13-52)**.
Mientras lees no te olvides, que es importante que uno recuerda a los acrósticos **s.i.e.n.t.a.** y **o.r.a.r.**

Practica compartiendo tu *«historia de Cristo»* y tus *«historias de crisis»*.

Practica dibujando y explicando el diagrama de tu senda de vida.

Busca hoy mismo oportunidades para tener conversaciones espirituales.

TIEMPO PARA ORAR

Ora para que Dios prepare los corazones de las personas que componen
tu lista de *«Cinco principales»* para recibir el Evangelio.

ANOTACIÓN EN EL DIARIO, DÍA DOS

Selecciona. **I**dentifica. **E**studia. **N**utre tu mente. **T**oma la costumbre de orar. **A**nota aquello que Dios te dice.

_____

_____

_____

_____

_____

_____

_____

_____

_____

_____

_____

_____

_____

_____

_____

_____

_____

_____

_____

_____

_____

Ofrece alabanza. **R**egresa. **A**cude. **R**enuncia.

EL DESVÍO

Hemos cambiada la senda de Dios por nuestra propia senda.

Una vez que hayas dibujado la senda de vida de Dios y escrito las palabras «*paz, propósito y seguridad*» al final de la línea, estarás preparado para describir el problema.

Puedes decir: «*Aunque Dios dispone una senda que es buena para nosotros, no todo el mundo se encuentra en esa senda. Solo hay que mirar alrededor para ver que hay mucha maldad y sufrimiento en este mundo. Algo ha fallado de manera terrible*».

En este momento puedes dibujar una línea que parte de la senda de Dios, pero da la vuelta y avanza en dirección contraria.

PAZ

PROPÓSITO

SEGURIDAD

SENDA DE LA VIDA

SU PROPIO CAMINO

PECADO

Di: «el problema es que hemos perdido el rumbo y nos hemos desviado de la senda de Dios. El pasaje **(Isaías 53,6a)** dice: **«Todos nosotros nos hemos descarriado como ovejas; cada cual se ha apartado por su propio camino»**. La Biblia llama «pecado» a este desvío de la senda de Dios. Versiculo **(Romanos 3,23)** dice: **«Por cuanto todos pecaron y están destituidos de la gloria de Dios».** Es una realidad: todos hemos fallado y hemos desviado de la senda de Dios. Hemos tomado nuestra propia senda. Aunque no nos demos cuenta, avanzamos en dirección contraria a Dios».

Ahora dibuja una línea vertical delante de «mi senda» en el diagrama para poner de manifiesto que es un callejón sin salida.

SENDA DE LA
VIDA

PAZ

PROPÓSITO

SEGURIDAD

SU
PROPIO
CAMINO

PECADO

Di: «si seguimos por este camino, acabaremos chocando contra un muro. Normalmente, este muro se presenta en forma de crisis o dificultad. Es en ese momento cuando nos damos cuenta de que nos falta algo. No tenemos una relación con Dios. No tenemos Su paz. No tenemos Su propósito. No tenemos la seguridad de saber qué nos pasará tras la muerte. A menudo, este muro es el medio que utiliza Dios para captar nuestra atención».

Conviene que te detengas aquí para ver si les cala el mensaje.

«No obstante, si seguimos por este camino, acabaremos chocando contra el muro del juicio de Dios. Versículo **(Romanos 14,12)** dice: **«De manera que, cada uno de nosotros dará a Dios cuenta de sí»**. Cada uno de nosotros deberá comparecer ante Dios y ser juzgado por su pecado. Como Dios es sagrado y perfecto, Él debe juzgar lo malo en el mundo y lo malo en nosotros. Versículo **(Romanos 6,23)** dice: **«Porque la paga del pecado es muerte, mas la dádiva de Dios es vida eterna en Cristo Jesús Señor nuestro»**. Hemos pecado ante Dios, y nuestro pecado nos lleva por un camino alejado de Dios y que acabará no solo en la muerte física, sino también en la muerte espiritual y en la separación de Dios para siempre».

Esta es la mala noticia de la Biblia. Hemos perdido el rumbo, y nos vemos incapaz para regresar por nuestra cuenta.

TIEMPO PARA REFLEXIONAR

Reflexiona profundamente sobre tus pecados. ¿Qué te viene en primer lugar a la cabeza?

_____

_____

_____

_____

¿Recuerdas haber «golpeado el muro» cuando Dios captó tu atención?

_____

_____

_____

_____

_____

TIEMPO PARA PRÁCTICA

Repasa el versículo de las Escrituras que debes memorizar esta semana.

«De manera que cada uno de nosotros dará a Dios cuenta de sí».
(Romanos 14,12)

Repasa tu frase «*Voy a*» de esta semana.

Lee **(Hechos 14,1-28)**.
Mientras lees no te olvides, que es importante que uno recuerda a los acrósticos **s.i.e.n.t.a.** y **o.r.a.r.**

Practica compartiendo tu «*historia de Cristo*» y tus «*historias de crisis*».

Practica dibujando y explicando el diagrama de tu senda de vida.

Busca hoy mismo oportunidades para tener conversaciones espirituales.

👏

TIEMPO PARA ORAR

Ora hoy por las personas de tu lista de «*Cinco principales*». Pídele a Dios que los atraiga hacia Él.

ANOTACIÓN EN EL DIARIO, DÍA TRES

Selecciona. **I**dentifica. **E**studia. **N**utre tu mente. **T**oma la costumbre de orar. **A**nota aquello que Dios te dice.

_____

_____

_____

_____

_____

_____

_____

_____

_____

_____

_____

_____

_____

_____

_____

_____

_____

_____

_____

_____

_____

_____

Ofrece alabanza. **R**egresa. **A**cude. **R**enuncia.

LA CRUZ

La cruz es el punto de inflexión que nos lleva a Dios.

Una vez explicado el problema, ahora viene la buena noticia. Dios nos ha ofrecido una senda para restaurarnos ante Él, y esa senda es la cruz de Jesús.

Y podrás decir: «Pero esta historia tiene algo positivo. Como no podíamos llegar a Dios, Él vino a nosotros en la persona de Jesucristo».

En este momento, cambia el muro a ser una cruz dibujando una línea horizontal en tu diagrama.

PAZ

PROPÓSITO

SEGURIDAD

SENDA DE LA
VIDA

SU
PROPIO
CAMINO

PECADO

Juan 3,16

Continúa diciendo: «Aunque Jesus fue de naturaleza totalmente Dios, dejo a un lado su gloria eterna y nacio en la Tierra como un niño totalmente humano. Se crió exactamente igual que tú y yo. Vivió nuestra vida, pero Él lo hizo libre de pecado. Pues Él era perfecto en todos los sentidos, Jesús pudo ponerse en nuestro lugar y pagar por nuestros pecados. En Su acto de amor supremo, Jesús fue crucificado y murió en una cruz por nuestros pecados, pagando todas nuestras deudas».

A continuación, explica que **(Romanos 6,23)** dice: «*Porque la paga del pecado es muerte, mas la dádiva de Dios es vida eterna en Cristo Jesús Señor nuestro*». Jesús murió en una cruz, y Su cuerpo fue enterrado en una tumba prestada. Tres días más tarde se levantó entre los muertos, venciendo al pecado y a la muerte. **(Juan 3,16)** dice: «*Porque de tal manera amó Dios al mundo que ha dado a su Hijo unigénito, para que todo aquel que en él cree no se pierda, mas tenga vida eterna*».

TIEMPO PARA REFLEXIONAR

¿Por qué es tan importante la cruz?

_____
_____
_____
_____
_____
_____
_____
_____
_____

Escribe una oración para dar las gracias a Dios por sacrificar a Jesús en nuestro nombre.

_____
_____
_____
_____
_____
_____

TIEMPO PARA PRÁCTICA

Repasa el versículo de las Escrituras que debes memorizar esta semana.

«De manera que cada uno de nosotros dará a Dios cuenta de sí».
(Romanos 14,12)

Repasa tu frase «*Voy a*» de esta semana.

Lee **(Hechos 15,1-21)**.
Mientras lees no te olvides, que es importante que uno recuerda a los acrósticos **s.i.e.n.t.a.** y **o.r.a.r.**

Practica compartiendo tu «*historia de Cristo*» y tus «*historias de crisis*».

Practica dibujando y explicando el diagrama de tu senda de vida.

Busca hoy mismo oportunidades para tener conversaciones espirituales.

TIEMPO PARA ORAR

Ora para que Dios te dé un corazón compasivo para las personas de tu lista de «*Cinco principales*».

ANOTACIÓN EN EL DIARIO, DÍA CUATRO

Selecciona. **I**dentifica. **E**studia. **N**utre tu mente. **T**oma la costumbre de orar. **A**nota aquello que Dios te dice.

_____

_____

_____

_____

_____

_____

_____

_____

_____

_____

_____

_____

_____

_____

_____

_____

_____

_____

_____

_____

_____

_____

_____

Ofrece alabanza. **R**egresa. **A**cude. **R**enuncia.

EL CAMINO A CASA

Jesús es el único camino a casa.

La esperanza del Evangelio se basa en que gracias a la muerte, sepultura y resurrección de Jesús, ahora podemos reconciliarnos con Dios. Jesús es el único camino hacia el Padre.

Puedes decir: «*La noche antes de Su muerte, Jesús les dijo a Sus discípulos:* «**Yo soy el camino, la verdad y la vida; nadie viene al Padre sino por mí**» (**Juan 14,6**) ».

En este momento, dibuja un camino que parte de la cruz, da la vuelta y confluye con la senda de Dios.

PAZ

PROPÓSITO

SEGURIDAD

SENDA DE LA
VIDA

YO
SOY EL
CAMINO

SU
PROPIO
CAMINO

PECADO

Juan 3, 16

Jesús proclamó que Él era la personificación de la verdad, el dador de vida y el único camino hacia Dios. Únicamente Jesús murió por tu pecado, fue sepultado y volvió a levantarse. Jesús nos advirtió que no fuéramos por otro camino. En **(Mateo 7,13-14)**, Jesús proclamó: «*Entrad por la puerta estrecha, porque ancha es la puerta y espacioso el camino que lleva a la perdición, y muchos son los que entran por ella; porque estrecha es la puerta y angosto el camino que lleva a la vida, y pocos son los que la hallan*».

Cuando leas estos versículos, dibuja un camino ancho (como una autopista multicarril) que continúa en dirección contraria.

TIEMPO PARA REFLEXIONAR

Piensa en las personas que conoces que están en el camino incorrecto. Escribe sus nombres y ora por ellos.

_____

_____

_____

_____

_____

_____

_____

Escribe una oración de acción de gracias a Jesús por guiarte sobre el camino estrecho que lleva a la vida.

_____

_____

_____

_____

_____

_____

_____

_____

_____

TIEMPO PARA PRÁCTICA

Repasa el versículo de las Escrituras que debes memorizar esta semana.

«De manera que cada uno de nosotros dará a Dios cuenta de sí».
(Romanos 14,12)

Repasa tu frase *«Voy a»* de esta semana.

Lee **(Hechos 15,22-41)**.
Mientras lees no te olvides, que es importante que uno recuerda a los acrósticos **s.i.e.n.t.a.** y **o.r.a.r.**

Practica compartiendo tu *«historia de Cristo»* y tus *«historias de crisis»*.

Practica dibujando y explicando el diagrama de tu senda de vida.

Busca hoy mismo oportunidades para tener conversaciones espirituales.

TIEMPO PARA ORAR

Ora para que Dios te señale a una persona de tu lista de «Cinco principales» a quien Él esté preparando para escuchar el Evangelio.

ANOTACIÓN EN EL DIARIO, DÍA CINCO

Selecciona. **I**dentifica. **E**studia. **N**utre tu mente. **T**oma la costumbre de orar. **A**nota aquello que Dios te dice.

_____

_____

_____

_____

_____

_____

_____

_____

_____

_____

_____

_____

_____

_____

_____

_____

_____

_____

_____

_____

Ofrece alabanza. **R**egresa. **A**cude. **R**enuncia.

NUESTRA RESPUESTA

Debemos optar por arrepentirnos y creer en Jesús.

Jesús ha hecho todo lo necesario para que estemos bien con Dios. Solo tenemos que responder ante Él con arrepentimiento y fe. Esa llamada a arrepentirse y creer en Jesús está presente en toda la Biblia. El apóstol Pablo dijo a los creyentes de Éfeso: «*testificando a judíos y a gentiles acerca del arrepentimiento para con Dios, y de la fe en nuestro Señor Jesucristo*» **(Hechos 20,21)**. En ocasiones, el arrepentimiento se menciona expresamente y la fe en Jesús está implícita. [Véase **(Lucas 24,47; Hechos 2,37-38; 3,19; 5,31; 17,30; Romanos 2,4; 2 Corintios 7,10)**.]

Puedes decir: «*aunque Jesús te ha dado un camino para estar bien con Dios, es necesario que respondas a lo que Él ha hecho*». En **(Marcos 1,15)**, Jesús proclamó: «*diciendo: El tiempo se ha cumplido, y el reino de Dios se ha acercado; arrepentíos, y creed en el evangelio*».

Escribe las palabras «*arrepiéntete*» y «*cree*» junto al camino que lleva de regreso a Dios.

SENDA DE LA VIDA

PAZ

PROPÓSITO

SEGURIDAD

ARREPIÉNTETE Y CREE

YO SOY EL CAMINO

SU PROPIO CAMINO

PECADO

Juan 3, 16

Continúa diciendo: «*Jesús dijo que debíamos responder de dos maneras. En primer lugar, Jesús dijo 'arrepentíos'. Arrepentirse significa DESVIARSE de la dirección en la que marchas, abandonando tu estilo de vida descarriado anterior para seguir y obedecer a Jesús. En segundo lugar, Jesús dijo 'creed'. Creer significa CONFIAR en que Jesús murió por tus pecados, fue sepultado y se levantó de nuevo, y que Él puede perdonarte. Ya no confías en tus obras buenas o tus iniciativas religiosas, sino en que solo Jesús puede salvarte. De este modo, estás decidido a seguir a Jesús y obedecerlo durante el resto de tu vida*».

Ha llegado el momento de dar una respuesta. Plantea estas dos preguntas para ayudar a esa persona a responder a Jesús:

· **«¿En qué parte de este diagrama crees que estás ahora mismo?»**
Con esta pregunta se valora su necesidad espiritual. Tiene que ser consciente del punto del diagrama en el que se encuentra, y del hecho de que está en el camino incorrecto.

· **«¿Deseas arrepentirte y creer en Él ahora mismo?»**
Con esta pregunta se valora su receptividad. ¿Está abierto a recibir a Cristo ahora, o necesita más tiempo?

Si responde «*Sí, quiero hacerlo ahora mismo*», tu respuesta debe ser «*¡Estupendo, vamos a orar juntos!*» En ese momento, guíalo para orar siguiendo el diagrama. «*Dios, gracias por amarme y querer que camine a tu lado. Confieso que he tomado mi propia senda y he pecado contra ti. Creo que Jesús murió y volvió a levantarse por mí. Por favor, perdóname. Hoy elijo cambiar de dirección y voy a seguirte*».

Después de orar, reafirma su decisión. Habla de cómo Jesús ha transformado tu vida. Ofrécete a reunirte con él de nuevo. «*Tengo un pequeño folleto que te ayudará a empezar a seguir a Jesús y a crecer en tu relación con Él. Sé que estás ocupado, pero me gustaría volver a reunirme contigo para repasar este folleto. ¿Quieres que volvamos a reunirnos?*»

En caso afirmativo, organiza una reunión. En caso negativo, remítele a una iglesia local donde sepas que podrá conectar y crecer en su fe, y dile que ya te reunirás con él más adelante.

TIEMPO PARA REFLEXIONAR

¿Qué significa arrepentirse?

_____

_____

_____

_____

_____

_____

_____

_____

_____

_____

_____

_____

TIEMPO PARA PRÁCTICA

Repasa el versículo de las Escrituras que debes memorizar esta semana.

«De manera que cada uno de nosotros dará a Dios cuenta de sí».
(Romanos 14,12)

Repasa tu frase «*Voy a*» de esta semana.

Lee **(Hechos 16,1-15)**.
Mientras lees no te olvides, que es importante que uno recuerda a los acrósticos **s.i.e.n.t.a.** y **o.r.a.r.**

Practica compartiendo tu «*historia de Cristo*» y tus «*historias de crisis*».

Practica dibujando y explicando el diagrama de tu senda de vida.

Busca hoy mismo oportunidades para tener conversaciones espirituales.

TIEMPO PARA ORAR

Ora hoy por las personas de tu lista de «*Cinco principales*». Pídele a Dios que los atraiga hacia Él.

ANOTACIÓN EN EL DIARIO, DÍA SEIS

Selecciona. **I**dentifica. **E**studia. **N**utre tu mente. **T**oma la costumbre de orar. **A**nota aquello que Dios te dice.

_____

_____

_____

_____

_____

_____

_____

_____

_____

_____

_____

_____

_____

_____

_____

_____

_____

_____

_____

_____

_____

Ofrece alabanza. **R**egresa. **A**cude. **R**enuncia.

TU DÍA PARA ORAR

Hoy no tienes ninguna lectura adicional. Dedica tiempo a la Palabra de Dios, escucha Su voz y ora fervientemente por tus amigos perdidos.

TIEMPO PARA REFLEXIONAR

Describe el momento en el que te arrepentiste por primera vez de tus pecados.

_____

_____

_____

_____

_____

_____

_____

¿Te resultó muy difícil confiar plenamente en Jesús? Explícalo.

_____

_____

_____

_____

_____

_____

_____

TIEMPO PARA PRÁCTICA

Repasa el versículo de las Escrituras que debes memorizar esta semana.

«De manera que cada uno de nosotros dará a Dios cuenta de sí». **(Romanos 14,12)**

Repasa tu frase *«Voy a»* de esta semana.

Lee **(Hechos 16,16-40)**.

Mientras lees no te olvides, que es importante que uno recuerda a los acrósticos **s.i.e.n.t.a.** y **o.r.a.r.**

Practica compartiendo tu *«historia de Cristo»* y tus *«historias de crisis»*.

Practica dibujando y explicando el diagrama de tu senda de vida.

Busca hoy mismo oportunidades para tener conversaciones espirituales.

SEMANA **CUATRO**

PARA EL TRABAJO EN GRUPO

Mi frase **«Voy a»**:

En la línea de lo que acabo de estudiar, esta semana voy a poner en práctica lo siguiente:

_____
_____
_____
_____
_____
_____
_____
_____
_____
_____
_____

ANOTACIÓN EN EL DIARIO, DÍA SIETE

Selecciona. **I**dentifica. **E**studia. **N**utre tu mente. **T**oma la costumbre de orar. **A**nota aquello que Dios te dice.

Ofrece alabanza. **R**egresa. **A**cude. **R**enuncia.

ANOTACIÓN EN EL DIARIO

Selecciona. **I**dentifica. **E**studia. **N**utre tu mente. **T**oma la costumbre de orar. **A**nota aquello que Dios te dice.

_____

_____

_____

_____

_____

_____

_____

_____

_____

_____

_____

_____

_____

_____

_____

_____

_____

_____

_____

_____

_____

Ofrece alabanza. **R**egresa. **A**cude. **R**enuncia.

RESPONDIENDO A LAS
OBJECIONES

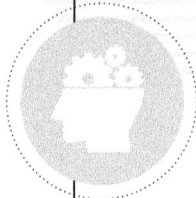

VERSÍCULO PARA MEMORIZAR

«Jesús le dijo: Yo soy el camino, y la verdad, y la vida; nadie viene al Padre, sino por mí».

(JUAN 14,6)

¿SON BARRERAS O CORTINAS DE HUMO?

Debes estar preparado para responder por la esperanza que tienes.

El restaurante estaba lleno y concurrido, pero no nos dimos cuenta en ello. Estábamos inmersos en nuestra conversación. «¿Pero cómo voy a creer que lo que dice la Biblia es cierto?», me preguntó. «Creo que es solo un montón de buenos dichos y pensamientos, pero no libres de errores, y estoy seguro de que se ha ido modificando a lo largo de los años». Llevaba meses invitando a esta persona a la iglesia y habíamos entablado una sólida amistad. Yo conocía su lugar respecto a Jesús, y el conocía el mio. En ocasiones me hacía comentarios buscando mi reacción, pero nunca reaccioné. A el le gustaba eso. Un día, estábamos abordando las preguntas que él tenía acerca de Dios, la Biblia y la eternidad.

Mucha gente tiene preguntas. Atrás quedaron los días en los que la gente simplemente aceptaba la existencia de Dios o la fiabilidad de las Escrituras. Debido a nuestra cultura pluralista y a nuestras posibilidades para viajar y acceder a la información, el mundo está lleno de muchos y diversos pensamientos sobre Dios. Por ello, la mayoría de la gente con la que compartas el Evangelio tendrá preguntas.

A muchos cristianos les da un miedo mortal, pues la mayoría de nosotros nos sentimos muy poco preparados para expresar argumentos sólidos y respaldar intelectualmente el sencillo mensaje del Evangelio. Es algo que dejamos a los eruditos y los expertos. Pero no hay que temer a las preguntas. De hecho, las preguntas son nuestras aliadas. Cuantas más preguntas se formulen, más estaremos hablando sobre Jesús. Cuanto más se hable de Jesús, más oportunidades hay de que Dios se adentre en los corazones de las personas.

Según mi experiencia, la mayoría de preguntas que formulan los «exploradores espirituales» pueden ser cortinas de humos o barreras. Al igual que un mago lanza humo para ocultar lo que hace en el escenario, hay personas que formulan preguntas simplemente para desviar la conversación hacia otra cosa que no sea el sencillo mensaje del Evangelio. No es más que una táctica dilatoria. Otras personas plantean preguntas simplemente porque les encanta debatir. Les encanta ese diálogo de ida y vuelta. Les encanta escuchar y desarrollar argumentos. Algunos tienen el deseo de aprender, pero no tienen ninguna intención de poner su fe en Jesús. Según el caso, la persona está utilizando sus preguntas como una cortina de humo, pero en realidad no tiene ningún deseo de hallar la verdad.

También hay personas que plantean preguntas que son barreras, pues les impiden dar el siguiente paso hacia Cristo. No son capaces de superar estas preguntas y, por lo tanto, están bloqueados en su búsqueda de Jesús. Estoy convencido de que mi amigo estaba chocando contra barreras el día que quedamos para comer. Tenía ciertos problemas que debía solucionar para poder buscar legítimamente a Jesús.

Cuando hables con tus amigos perdidos, es importante orar para que Dios te permita discernir si sus preguntas son cortinas de humo o barreras. En el caso de los que lanzan humo pero no están realmente interesados en investigar a Jesús, no te conviene perder mucho tiempo con ellos **(Mateo 10,14)**. Hay mucha gente en el mundo deseosa de escuchar el Evangelio. Jesús dijo que los campos «*ya están blancos para la siega*» **(Juan 4,35)**. Cuando aquellos que buscan realmente a Jesús se atasquen con alguna cuestión, deberás ayudarles a explorar las proclamas de Cristo y buscar respuesta a sus preguntas espirituales.

El apóstol Pedro nos da un buen consejo a este respecto. «*sino santificad a Dios el Señor en vuestros corazones, y estad siempre preparados para presentar defensa con mansedumbre y reverencia ante todo el que os demande razón de la esperanza que hay en vosotros*» **(1 Pedro 3,15)**. Pedro pretendía animar a una iglesia que sufría una intensa persecución. Vivían en un entorno hostil. El mensaje de Pedro era: «*Aseguraos de poner a Cristo en primer lugar en vuestra vida*».

La mayor evidencia de Jesús es la transformación de tu vida. Cuando la gente vea cómo vives y amas a Jesús, estarás ayudando a responder las preguntas que se les plantean. Pedro prosigue diciendo: «*Estad siempre preparados para presentar defensa*». Otras maneras de decir esto «*estad preparados para explicarlo*»; «*preparad dar una respuesta*»; «*dad un motivo para la esperanza que tenéis*». Debemos estar listos y preparados para responder a preguntas claves sobre la fe.

Esta semana vamos a trabajar en las cuatro preguntas que más se formula la gente hoy en día. Recuerda que si te hacen una pregunta cuya respuesta desconoces, no pasa absolutamente nada por decir «*No lo sé. Me parece una buena pregunta. Vamos a investigarlo juntos*». Luego podrás investigarlo, buscar fuentes y explorar respuestas que aborden este problema en concreto. No estás obligado a tener siempre preparadas todas las respuestas. Solo tienes que estar preparado para compartir el Evangelio claramente y estar disponible para ayudar a tu amigo lidiar con estas preguntas difíciles.

No olvides nunca que tú posees la verdad, que tú posees al Espíritu Santo. No necesitas más que eso.

TIEMPO PARA REFLEXIONAR

¿Qué grandes preguntas tenías tú antes de llegar a Cristo?

_____

_____

_____

¿Qué te ayudó a dar respuesta a esas preguntas?

_____

_____

_____

_____

¿Qué preguntas se han repetido más cuando has escuchado a tus amigos perdidos?

_____

_____

_____

TIEMPO PARA PRÁCTICA

Empieza memorizando el versículo de la Escritura de la semana.

«Jesús le dijo: Yo soy el camino, y la verdad, y la vida;
nadie viene al Padre, sino por mí». **(Juan 14,6)**

Repasa tu frase *«Voy a»* de esta semana.

Lee **(Hechos 17,1-15)**.
Mientras lees no te olvides, que es importante que uno recuerda a los acrósticos **s.i.e.n.t.a.** y **o.r.a.r.**

Practica compartiendo tu *«historia de Cristo»* y tus *«historias de crisis»*.

Practica dibujando y explicando el diagrama de tu senda de vida.

Entabla una conversación espiritual con alguien de tu lista de *«Cinco principales»* esta semana.

TIEMPO PARA ORAR

Ora para que Dios ayude a las personas de tu lista de *«Cinco principales»* a obtener respuestas
a sus preguntas espirituales.

ANOTACIÓN EN EL DIARIO, DÍA UNO

Selecciona. **I**dentifica. **E**studia. **N**utre tu mente. **T**oma la costumbre de orar. **A**nota aquello que Dios te dice.

_____

_____

_____

_____

_____

_____

_____

_____

_____

_____

_____

_____

_____

_____

_____

_____

_____

_____

_____

_____

_____

Ofrece alabanza. **R**egresa. **A**cude. **R**enuncia.

¿ES LA BIBLIA FIABLE?

Hoy en día, la gente duda de todo.

Cuando vemos una oferta que parece demasiado buena para ser cierta, normalmente es así. No todo lo que vemos en papel o en internet puede considerarse verdadero o de fiar. La Biblia también es objeto de ese escepticismo. Hoy en día, es habitual que la gente vea la Biblia como un documento antiguo y desfasado que se ha ido modificando y ajustando a lo largo de los años, y que, por tanto, no es ya relevante para la vida moderna.

Entonces, ¿por qué los cristianos creen que la Biblia es la Palabra de Dios? El apóstol Pedro escriba acerca de la credibilidad de la Biblia en **(2 Pedro 1,16-21)**: *"Porque no os hemos dado a conocer el poder y la venida de nuestro Señor Jesucristo siguiendo fábulas artificiosas, sino como habiendo visto con nuestros propios ojos su majestad. Pues cuando él recibió de Dios Padre honra y gloria, le fue enviada desde la magnífica gloria una voz que decía: Este es mi Hijo amado, en el cual tengo complacencia. Y nosotros oímos esta voz enviada del cielo, cuando estábamos con él en el monte santo. Tenemos también la palabra profética más segura, a la cual hacéis bien en estar atentos como a una antorcha que alumbra en lugar oscuro, hasta que el día esclarezca y el lucero de la mañana salga en vuestros corazones; entendiendo primero esto, que ninguna profecía de la Escritura es de interpretación privada, porque nunca la profecía fue traída por voluntad humana, sino que los santos hombres de Dios hablaron siendo inspirados por el Espíritu Santo».*

Como un fiscal, Pedro aboga por la fiabilidad de las Escrituras basándose en dos evidencias: testigos vivos y documentos fidedignos.

Testigos

Lejos de mitos e invenciones, el testimonio de Pedro sobre Jesús se basa en su propia experiencia como testigo de la persona de Jesucristo. Los escritores de los evangelios del Nuevo Testamento estaban ahí cuando esos eventos tuvieron lugar. Vieron a Jesús en persona, presenciaron Su horrorosa muerte y hablaron con Él tras Su resurrección. Fueron testigos de todas estas cosas.

Pedro declaró en **(Hechos 2,32)**: «*A este Jesús resucitó Dios, de lo cual todos nosotros somos testigos*». Dijo de nuevo en **(Hechos 4,20)**: «*porque no podemos dejar de decir lo que hemos visto y oído*».

En 1 Corintios 15, el apóstol Pablo menciona a catorce testigos y hace referencia a más de 500 personas que vieron a Jesús después de levantarse de entre los muertos. Animó a los escépticos a preguntarles lo que habían visto. Mateo y Marcos enumeran algunas mujeres que formaron parte del primer movimiento cristiano testigo de Jesús, y Lucas añade a más.

¡La cristiandad siempre ha estado arraigada en la historia! A lo largo del Evangelio podemos encontrar datos históricos — nombres, fechas, lugares — que corroboran los testimonios de los escritores. El erudito e historiador clásico Colin Hemer repasó minuciosamente el libro de Hechos e identificó 84 datos confirmados en la historia secular y en la investigación arqueológica. Actualmente hay excavaciones por toda Israel, y cada año se producen más hallazgos que verifican los registros bíblicos. Hay al menos diez escritores antiguos no cristianos comprendidos en un periodo de 150 años tras la vida de Jesús que ofrecen información muy similar sobre Jesús.

Pedro nos decía «*No os ofrezco mitos, sino mi palabra. Vi lo que vi*». Estos hombres prefirieron morir manteniendo su testimonio que vivir negando la verdad.

Fuentes fidedignas

Pedro afirmó que los registros bíblicos son fiables porque no se fundamentan en las reflexiones y los propósitos de una persona que decidió escribir la Biblia un buen día, sino que se trata de una obra sobrenatural de Dios. Los datos siguientes presentan a la Biblia como un trabajo divino de Dios:

La singularidad de la Biblia

A diferencia del Libro de Mormón o el Corán, la Biblia no fue escrita por una sola persona que trataba de iniciar un movimiento religioso. La Biblia es una recopilación de sesenta y seis libros escritos a lo largo de 1500 años y cuarenta generaciones, por cuarenta autores diferentes de todos los estamentos de la sociedad (reyes, sirvientes, pastores, poetas, estadistas, eruditos, generales militares, recaudadores de impuestos, doctores y pescadores). La Biblia se escribió en lugares distintos (en plena naturaleza, mazmorras, palacios, cárceles, en el campo de batalla y en campos de pastoreo). Fue escrita en tres continentes: Asia, África y Europa. Fue escrita en tres idiomas: hebreo, arameo y griego. Abarca todo tipo de temas controversiales sobre Dios, los hombres y la vida eterna. Pese a su gran diversidad, es fluida, unificada y singular en su mensaje.

La publicidad de la Biblia

La Biblia ha sido leída por más personas y en más idiomas que cualquier otro libro en la historia. La Biblia completa ha sido traducida a más de 400 idiomas, y partes de la misma han sido traducidas a más de 2500 idiomas. La red de organizaciones de las Sociedades Bíblicas Unidas distribuyó 633 millones de ejemplares de las Escrituras por todo el mundo en el año 2000.

La resiliencia de la Biblia

La Biblia ha sobrevivido a ataques. Desde los antiguos tiempos hasta hoy mismo, la Biblia ha sido censurada, quemada y prohibida, y aun así se sigue leyendo y reproduciendo más que cualquier otro libro de la historia.

La autenticidad de la Biblia

Eruditos tanto bíblicos como seculares coinciden en que los documentos originales del Nuevo Testamento fueron escritos en el primer siglo —entre treinta y sesenta años— tras la muerte de Jesús. Tenemos incluso credos antiguos en el Nuevo Testamento escritos muy pocos años tras la muerte de Jesús. A modo de comparación, los escritos de Buda fueron redactados 500 años después de su muerte. *La Guerra de las Galias* de Julio César fue escrito casi 1000 años después de la muerte del César. *La Odisea* de Homero fue escrita 2200 años después de la vida de Homero. Todos estos se consideran documentos auténticos. Asimismo, el amplio número de manuscritos antiguos del Nuevo Testamento consolida su exactitud. Hay más de 5700 manuscritos en griego del Nuevo Testamento. A ello hay que añadir 10 000 en latín y otros 15 000 en diversas lenguas, y contamos con cerca de 30 000 manuscritos antiguos y/o fragmentos del Nuevo Testamento hoy en día. En comparación con otros escritos antiguos, estamos ante un monton de documentación. La mayoría de las obras antiguas solo tienen un puñado de documentos. La exactitud de las Escrituras también se ve respaldada por historiadores seculares antiguos, correspondencia militar romana y los primeros padres de la iglesia, que citan y verifican las escrituras del Nuevo Testamento.

La historicidad de la Biblia

Parece que cada semana descubrimos más y más pruebas de que la Biblia es un documento históricamente veraz. Por ejemplo, hasta hace poco tiempo no había pruebas físicas que demostraran que Poncio Pilato, el gobernador que condenó a muerte a Jesús, existiera realmente. Los escépticos señalaban esa falta de pruebas como un error bíblico. Sin embargo, en 1961 unos arqueólogos descubrieron un enorme bloque de piedra caliza con el nombre cincelado de Poncio Pilato, un prefecto de la provincia romana de Judea del año 26-36 d.C. Yo lo he visto con mis propios ojos. Se demuestra una vez más que la Biblia es un documento históricamente veraz. William Albright, famoso arqueólogo y erudito de la Biblia, escribió: *«Descubrimiento tras descubrimiento se ha fundamentado la exactitud de innumerables detalles y se ha incrementado el reconocimiento del valor de la Biblia como una fuente histórica».*

La exactitud de la Biblia

Muchos pretenden demostrar que la Biblia está plagada de errores. Nadie ha puesto más empeño en ello que Bart Ehrman, agnóstico reconocido y profesor distinguido James A. Gray del departamento de Estudios Religiosos de la Universidad de Carolina del Norte, en Chapel Hill. Pero ¿es cierto? Estos son los datos: Es cierto que los escritos o autógrafos antiguos originales de Pablo y los evangelios ya no existen. Son pergaminos que se descompusieron hace muchos años. Lo que conservamos hoy en día son copias manuscritas antiguas de los originales. También es cierto que hay variaciones entre los manuscritos. No obstante, estas variaciones no ponen en duda la exactitud de la Biblia. ¿Por qué? Hay dos motivos: 1) El amplio número de manuscritos que conservamos hoy en día nos permite detectar fácilmente las variaciones y discernir lo que decía el documento original. 2) La gran mayoría de estas variaciones son modificaciones en la ortografía o la sintaxis. Ninguna variación pone en tela de juicio ni modifica ninguna enseñanza importante o doctrina de fe. ¡Ninguna! En el descubrimiento de los «*Manuscritos del Mar Muerto*», entre 1947 y 1956, se encontraron documentos antiguos que precedían a los primeros documentos en mil años y que demostraban que las copias actuales son de lo más exactas. Decir que la Biblia que tenemos hoy está plagada de errores y, por tanto, no es fiable, es faltar a la verdad. Lo que sí puede decirse es que, a pesar de toda su diversidad de fechas, autores e idiomas, es un libro que no se contradice y, además, presenta el mensaje de Jesús de un modo unificado, claro y convincente, lo cual es absolutamente asombroso. ¡Solo Dios podría hacer algo así!

El carácter profético de la Biblia

La Biblia contiene profecías escritas cientos de años antes de que se hicieran realidad. No hablo solamente de profecías generales como las que se encuentran en los escritos de Nostradamus sino de profecías específica sobre la subida y la caída de naciones, las idas y venidas de reyes y la identidad del Mesías.

El poder de la Biblia

El mensaje de Jesús lleva más de 2000 años transformado a personas y culturas enteras. Pedro no era más que un pescador normal y corriente, pero Jesús le convirtió en el líder poderoso de un movimiento. Todos aquellos que escucharon el Evangelio fueron transformados en los primeros momentos de la iglesia y se negaron a rechazar su fe en Jesús, pese a la horrible persecución que sufrían. Hoy en día, la vida de la gente se ve transformada por completo con leer la Biblia.

TIEMPO PARA REFLEXIONAR

¿Qué te ha llamado más la atención de lo que acabas de leer?

_____

_____

_____

_____

_____

_____

_____

¿Qué dudas sigues teniendo acerca de la fiabilidad de la Biblia?

_____

_____

_____

_____

_____

_____

TIEMPO PARA PRÁCTICA

Repasa el versículo de las Escrituras que debes memorizar esta semana.

«Jesús le dijo: Yo soy el camino, y la verdad, y la vida;
nadie viene al Padre, sino por mí». **(Juan 14,6)**

Repasa tu frase *«Voy a»* de esta semana.

Lee **(Hechos 17,16-34).**
Mientras lees no te olvides, que es importante que uno recuerda a los acrósticos **s.i.e.n.t.a.** y **o.r.a.r.**

Practica compartiendo tu *«historia de Cristo»* y tus *«historias de crisis».*

Practica dibujando y explicando el diagrama de tu senda de vida.

Entabla una conversación espiritual con alguien de tu lista de *«Cinco principales»* esta semana.

TIEMPO PARA ORAR

Ora hoy por las personas de tu lista de *«Cinco principales».* Pídele a Dios que los atraiga hacia Él.

ANOTACIÓN EN EL DIARIO, DÍA DOS

Selecciona. **I**dentifica. **E**studia. **N**utre tu mente. **T**oma la costumbre de orar. **A**nota aquello que Dios te dice.

_____

_____

_____

_____

_____

_____

_____

_____

_____

_____

_____

_____

_____

_____

_____

_____

_____

_____

_____

_____

_____

_____

Ofrece alabanza. **R**egresa. **A**cude. **R**enuncia.

¿POR QUÉ PERMITE DIOS EL SUFRIMIENTO?

¿Es Dios omnipotente o todoamoroso?

Hace ya varios años vi la entrevista que Martin Bashir, entonces periodista de MSNBC, hizo a un pastor en la televisión nacional tras un tsunami que acabó con la vida de más de 15000 personas en Japón. Empezó con una pregunta: «*Ayúdenos con esta tragedia acaecida en Japón. ¿Cuál de estas afirmaciones es cierta? O bien Dios es todopoderoso pero no le importa la gente de Japón y por eso sufren, o bien sí que le importa la gente de Japón, pero no es todopoderoso. ¿Cuál es la correcta?*»

Esta pregunta — «*¿Es Dios omnipotente o todoamoroso?*» — se lleva formulando mucho tiempo. Y se basa en esta lógica: Si Dios es omnipotente, entonces no puede ser amoroso y permitir el sufrimiento humano, pues un Dios todoamoroso no podría tolerar el dolor. O bien, si Dios es todoamoroso, entonces no puede ser omnipotente, porque haría algo al respecto. Dado que existe el sufrimiento, se da por hecho que Dios es amoroso pero impotente, o bien poderoso pero encallecido. No puede ser amoroso y poderoso a la vez.

A lo largo de los años, he escuchado esta pregunta en campus universitarios, en la oficina con trabajadores o en conversaciones privadas y sinceras. La pregunta es lo que los teólogos llaman teodicea: el estudio teológico del mal. ¿Cómo puede un Dios bueno, amoroso y justo tolerar el mal? En cierto modo, preguntas como esta son las que preocupan a filósofos y teólogos. Pero esta cuestión del sufrimiento y el mal no es solo para los eruditos, sino que es la principal pregunta que se plantean los exploradores espirituales hoy en día.

El investigador George Barna realizó un estudio a nivel nacional donde consultaba: «*Si pudieras hacer una pregunta a Dios y supieras que te va a responder, ¿qué le preguntarías?*» La pregunta más repetida, con un 17 por ciento de los encuestados, era: «*¿Por qué hay dolor y sufrimiento en el mundo?*»

¿Qué dice la Biblia acerca de Dios y el sufrimiento?

Dios es poderoso.
La Biblia expresa claramente que Dios es poderoso. Se le llama «*todopoderoso*» muchas veces. **(Salmos 147,5)** dice: «*Grande es el Señor nuestro y de mucho poder*». **(Jeremías 32,17)** proclama: «*¡Oh Señor Jehová! he aquí que tú hiciste el cielo y la tierra con tu gran poder, y con tu brazo extendido, ni hay nada que sea difícil para ti*». [Véase también **(1 Crónicas 29,11; Jeremías 10,12; Colosenses 1,16)**.]

Dios es todopoderoso, y nada es demasiado difícil para Él. ¡Él ha creado todo lo que existe y lo mantiene todo con Su poder!

Dios es bueno.

¡La Biblia enseña también claramente que Dios es bueno! Es amoroso, bondadoso, misericordioso y lleno de amor inquebrantable. **(1 Crónicas 16,34)** dice: «*Aclamad a Jehová, porque él es bueno; Porque su misericordia es eterna*». **(Salmos 86,5)** expresa: «*Porque tú, Señor, eres bueno y perdonador, Y grande en misericordia para con todos los que te invocan*». **(Salmos 145,9)** dice: «*Bueno es Jehová para con todos, Y sus misericordias sobre todas sus obras*».

Dios es bueno y todoamoroso, y Sus bondades perduran eternamente.

Si la Biblia enseña claramente que Dios es bueno Y poderoso, ¿cómo se explica el mal en el mundo? El apóstol Pablo escribió en **(1 Corintios 13,12)**: «*Ahora vemos por espejo, oscuramente; mas entonces veremos cara a cara. Ahora conozco en parte; pero entonces conoceré como fui conocido*». Lo que vemos y entendemos en este lado del cielo es como mirar entre la niebla. Podemos divisar los marcos, pero no vemos las cosas con claridad. No tenemos todos los detalles, pero algún día los tendremos.

Entonces, ¿de dónde vienen el dolor y el sufrimiento? La Biblia nos dice que hay tres cosas que son la fuente de sufrimiento.

- **Elección libre:** En Génesis 1-2, Dios creó el mundo y puso al hombre en él. Al hombre le fue dada libertad para elegir entre obedecer a Dios y gozar de Su bendición o desobedecer a Dios y sufrir las consecuencias. Por desgracia, el hombre optó por desobedecer a Dios, y en ese momento el pecado llegó al mundo cambiándolo todo. La libertad de elegir trae consigo la libertad de elegir de manera correcta e incorrecta. Podrás decir: «¿Por qué Dios no creó un mundo donde elijamos lo correcto en cada momento?» Podría haberlo hecho, pero entonces no existiría una hermandad o un amor verdadero con Dios. El amor es una elección. Sin la libertad de elegir obedecer o elegir amar, este sería un mundo robótico y sin amor.

- **Mundo caído:** Dios creó un mundo bueno, pero el pecado se adentró en él y ahora vivimos en un mundo muy diferente al que Él creó. El pasaje **(Romanos 3,23)** dice: «*Por cuanto todos pecaron y están destituidos de la gloria de Dios*». Vivimos en un mundo caído, y es algo que afecta a todo: nuestro pensamiento, nuestra cultura, nuestro comportamiento y nuestro sentido del bien y el mal. Por eso vemos abusos, adicciones, perversiones, asesinatos, violaciones, incestos y todo tipo de manifestaciones del mal. También afecta al mundo natural que nos rodea. Enfermedades como el cáncer, las afecciones coronarias, el Alzheimer y los trastornos mentales son efectos del pecado en el mundo. Los desastres naturales como los tornados, tsunamis, huracanes y terremotos son las repercusiones del pecado en nuestro mundo natural. En Romanos 8 leemos también que nuestro mundo está corrompido por el pecado, que este gime, se debilita y sufre con el peso del mismo.

- **Fuerzas del mal:** Existe un mundo espiritual oculto del mal, pero real, que da fuerza y da valor al mal en nuestro mundo. **(Efesios 6,12)** dice: «*Porque no tenemos lucha contra sangre y carne, sino contra principados, contra potestades, contra los gobernadores de las tinieblas de este siglo, contra huestes espirituales de maldad en las regiones celestes*». Tiroteos masivos, ataques terroristas e preocupación por lo oculto son expresiones del mal motivadas por las fuerzas ocultas del mal que nos rodea.

Dios es sabio.

Aunque la Biblia sostiene que Dios es omnipotente y todoamoroso, también declara que Él es omnisciente. **(Salmos 147,5)** dice: «*su entendimiento es infinito*». **(Romanos 16,27)** declara que «*al único y sabio Dios, sea gloria mediante Jesucristo para siempre. Amén*». Incluso Job, que sufrió más que nadie, proclamo: «*Con Dios está la sabiduría y el poder; Suyo es el consejo y la inteligencia*». **(Job 12,13)**. «*Porque mis pensamientos no son vuestros pensamientos, ni vuestros caminos mis caminos, dijo Jehová. Como son más altos los cielos que la tierra, así son mis caminos más altos que vuestros caminos, y mis pensamientos más que vuestros pensamientos*» **(Isaías 55,8-9)**, y «*Y sabemos que a los que aman a Dios, todas las cosas les ayudan a bien, esto es, a los que conforme a su propósito son llamados*» **(Romanos 8,28)**.

Cuando Satanás trató de destruir a Jesús y hacerle sufrir en la cruz, fue el propio Dios quien lo manejó por nuestro bien y por Su gloria. Aunque todos padecemos sufrimiento, podemos encontrar consuelo en Dios. Las Escrituras aseguran que Dios se conmueve cuando sufrimos **(Salmos 34,18)**, que Jesús ora por nosotros al Padre cuando padecemos periodos de sufrimiento **(Romanos 8,34)** y que, en definitiva, Dios pondrá fin al sufrimiento de una vez por todas.

El apóstol Pablo escribió en **(Romanos 8,18)**: «*Pues tengo por cierto que las aflicciones del tiempo presente no son comparables con la gloria venidera que en nosotros ha de manifestarse*». Un día, Jesús regresará «*Enjugará Dios toda lágrima de los ojos de ellos; y ya no habrá muerte, ni habrá más llanto, ni clamor, ni dolor; porque las primeras cosas pasaron*» **(Apocalipsis 21,4)**. Hasta entonces, nos encomendamos a Jesús y confiamos en Él para que nos dé la fuerza para vencer. Jesús dijo a Sus discípulos: «*Estas cosas os he hablado para que en mí tengáis paz. En el mundo tendréis aflicción; pero confiad, yo he vencido al mundo*» **(Juan 16,33)**.

TIEMPO PARA REFLEXIONAR

¿Cómo has sobrellevado el sufrimiento en tu vida?

_____

_____

_____

_____

_____

¿Qué te ha llamado más la atención de lo que acabas de leer?

_____

_____

_____

_____

_____

_____

_____

TIEMPO PARA PRÁCTICA

Repasa el versículo de las Escrituras que debes memorizar esta semana.

«Jesús le dijo: Yo soy el camino, y la verdad, y la vida;
nadie viene al Padre, sino por mí». **(Juan 14,6)**

Repasa tu frase «*Voy a*» de esta semana.

Lee **(Hechos 18,1-28)**.
Mientras lees no te olvides, que es importante que uno recuerda a los acrósticos **s.i.e.n.t.a.** y **o.r.a.r.**

Practica compartiendo tu «*historia de Cristo*» y tus «*historias de crisis*».

Practica dibujando y explicando el diagrama de tu senda de vida.

Entabla una conversación espiritual con alguien de tu lista de «*Cinco principales*» esta semana.

TIEMPO PARA ORAR

Ora para que Dios te dé pronto una oportunidad para compartir tu esquema
de la Senda de la Vida con una persona de tu lista de «*Cinco principales*».

ANOTACIÓN EN EL DIARIO, DÍA TRES

Selecciona. **I**dentifica. **E**studia. **N**utre tu mente. **T**oma la costumbre de orar. **A**nota aquello que Dios te dice.

_____
_____
_____
_____
_____
_____
_____
_____
_____
_____
_____
_____
_____
_____
_____
_____
_____
_____
_____
_____
_____
_____
_____
_____
_____

Ofrece alabanza. **R**egresa. **A**cude. **R**enuncia.

¿CÓMO PUEDE SER JESÚS EL ÚNICO CAMINO?

Jesús no dio lugar a la confusión.

Jesús claramente proclamo que Él es el único camino a la salvación y la reconciliación con Dios. En el versículo **(Juan 14,6)**, proclamó: «*Yo soy el camino, la verdad y la vida. Nadie viene al Padre sino por mí*». En otra ocasión, Jesús afirmó: «*porque si no creéis que yo soy, en vuestros pecados moriréis*», **(Juan 8,24)**.

Los seguidores de Jesús creen firmemente que Jesús es el único camino. Esa exclusividad es algo que suele generar cierta reticencia en la gente. Argumentan que «*hay muchas religiones en el mundo y gran cantidad de personas buenas y bienintencionadas. ¿Cómo va a ser Jesús el único camino?*»

Recuerdo cuando compartí esta verdad con una mujer hace varios años. Era la hija de un diplomático y había crecido viajando por todo el mundo y experimentando varias culturas. Cuando le dije que Jesús era el único camino, replicó que «*ese argumento era soberbio y arrogante*».

¿Por qué creen los seguidores de Jesús que Él es el único camino?

Jesús afirmaba ser Dios.

En Juan 10, Jesús mantenía un acalorado intercambio de opiniones con los líderes religiosos de Su época. Jesús acababa de sanar a un hombre que había nacido ciego, pero lo había hecho en dia de reposo, cuando estaba prohibido trabajar. A estos líderes les preocupaba más que Jesús infringiera la ley del dia de reposo que el increíble milagro de sanar a este hombre.

Durante su debate, Jesús pronunció estas palabras: «*Volvió, pues, Jesús a decirles: De cierto, de cierto os digo: Yo soy la puerta de las ovejas. Todos los que antes de mí vinieron, ladrones son y salteadores; pero no los oyeron las ovejas. Yo soy la puerta; el que por mí entrare, será salvo; y entrará, y saldrá, y hallará pastos. El ladrón no viene sino para hurtar y matar y destruir; yo he venido para que tengan vida, y para que la tengan en abundancia*» **(Juan 10,7-10)**. Jesús proclamaba que Él (y solo Él) era la puerta, el camino hacia Dios.

Jesús prosiguió: «*Yo soy el buen pastor*» **(Juan 10,11)**, «*y yo les doy vida eterna y no perecerán jamás*» **(Juan 10,28)**, «*Yo y el Padre uno somos*» **(Juan 10,30)**. Jesús afirmaba una y otra vez ser uno con el Padre y el dador exclusivo de salvación y vida eterna. Y Sus enemigos se dieron cuenta. Enseguida recogieron piedras para matar a Jesús allí mismo. Cuando Jesús preguntó por qué actuaban así, respondieron: «*...Por buena obra no te apedreamos, sino por la blasfemia; porque tú, siendo hombre, te haces Dios*» **(Juan 10,33)**.

No era la primera vez que Jesús proclamaba ser el Mesías, Dios en carne y hueso y el único camino a la salvación. Jesús proclamó haber vivido antes que Abraham **(Juan 8,58)**. Jesús proclamó haber existido con el Padre antes de que el mundo fuese **(Juan 17,5)**. Jesús proclamó ser el primero y el último — un nombre para Dios **(Apocalipsis 1,17)**. Jesús proclamó ser el juez de todas las personas **(Mateo 25,31)**. Jesús proclamó que perdonaba el pecado **(Mateo 9,2-7)**. Entretanto, los líderes religiosos conspiraban para matar a Jesús porque llamaba a Dios Su propio Padre, equiparándose así a Dios **(Juan 5,18)**.

Querían a Jesús muerto porque afirmaba ser Dios. Sin embargo, quizá Su afirmación más impactante tuvo lugar en Su juicio. Cuando el sumo sacerdote preguntó a Jesús si Él era el Cristo, el Hijo del Bendito, respondió: «*Yo soy; y veréis al Hijo del Hombre sentado a la diestra del poder de Dios y viniendo en las nubes del cielo*» **(Marcos 14,62)**. Al oírlo, acusaron a Jesús de blasfemia y le condenaron a la cruz.

Voy a aclarar una cosa... Jesús nunca dijo ser un buen maestro, un líder moral o un gurú espiritual. Jesús se atrevió a afirmar que era el propio Dios. ¡Por eso lo mataron! Podrás decir: «*Bueno, muchos hombres se atrevieron a decir que eran Dios anteriormente. ¡Pero no por ello es cierto!*» Y tienes razón. Entonces, ¿hay algún motivo para que consideremos como cierto lo que Jesús dijo?

Jesús cumplió antiguas profecías.
En 1966, Barry Leventhal tenía el mundo a sus pies. Como capitán, llevó a su equipo de fútbol a ganar su primer campeonato. Lo tenía todo: popularidad, fama, éxito... Poco después de ganar el campeonato, uno de sus amigos más íntimos se hizo seguidor de Jesús y le presentó a Hal, director de la Cruzada Estudianti. Hal habló con Barry sobre la afirmación de Jesús de que era el Mesías. Incluso le mostró profecías acerca del Mesías que iba a llegar y que Jesús cumplió. En una de esas conversaciones, Barry se enfadó. «*Habéis reescrito la Biblia para que parezca que Jesús cumplió esas profecías. ¡Eso no puede ser cierto!*» Sin embargo, días más tarde Barry abrió una Biblia y buscó Isaías 53. Empezó a leer sobre el Mesías que vendría.

> «*Ciertamente llevó él nuestras enfermedades, y sufrió nuestros dolores;*
> *y nosotros le tuvimos por azotado, por herido de Dios y abatido.*
> *Mas él herido fue por nuestras rebeliones, molido por nuestros pecados;*
> *el castigo de nuestra paz fue sobre él, y por su llaga fuimos nosotros curados.*
> *Todos nosotros nos descarriamos como ovejas, cada cual se apartó por su camino;*
> *mas Jehová cargó en él el pecado de todos nosotros*».
> **(Isaías 53,4-6)**

Estaba claro para el que estos versículos hablan sobre Jesús. Pero ¿se habían manipulado para que pareciera que Jesús había cumplido la profecía?

En 1947, un niño árabe que jugaba cerca de una cueva al oeste del Mar Muerto hizo el descubrimiento de su vida: los «Manuscritos del Mar Muerto». Entre ellos se encontraba un manuscrito completo del libro de Isaías. Un manuscrito que databa de antes de la vida de Jesús. Aunque el original está a buen resguardo en Israel, hay una copia expuesta en el «Santuario del Libro» del museo de Israel, en Jerusalén.

¿Y sabes qué descubrieron? Que el manuscrito de Isaías es exactamente igual que el libro que aparece en la Biblia. Setecientos años antes de que naciera Jesús, Isaías escribió que el Mesías sería ungido por el espíritu, que estaría movido por la justicia, que tendría un ministerio global y sería un maestro talentoso. Partiendo de un origen humilde, sería desalentado y rechazado, sufriría, tendría una muerte sustitutiva y regresaría posteriormente a la vida. Se parece mucho a la vida de Jesús, ¿verdad?

Pero no es esa la única profecía que señala a Jesús. Hay profecías sobre el Mesías que Él seria de un linaje judío **(Génesis 12,3)**, del tribu de Judá **(Génesis 49,10)**, de la casa de David **(Jeremías 23,5-6)**, nacido de una virgen **(Isaías 7,14)** y dado a luz en Belén **(Miqueas 5,2)**. Saldría de Egipto **(Oseas 11,1)**, viviría en Nazaret **(Isaías 11,1)** y serviría en Galilea **(Isaías 9,1-2)**. Hablaría con parábolas **(Salmos 78,2-4)**, sería alabado **(Salmos 8,2)** y sería llamado Rey **(Salmos 2,6)**. Sería traicionado por un amigo y vendido por treinta monedas de plata **(Zacarías 11,12-13)**, Sus manos y costado serían horadados **(Salmos 22,16)**, no se le rompería ningún hueso **(Salmos 22,17)**, y sería desamparado por Dios **(Salmos 22,1)**.

A lo largo de su vida, Jesús cumplió aproximadamente 353 profecías antiguas escritas cientos de años antes de Su nacimiento, que lo identifican como el Mesías.

Jesús murió por nuestros pecados.

Jesús cumplió la profecía y afirmó ser el Mesías por un motivo: para que pudiera sufrir en la cruz asumiendo un sacrificio de una vez por todas por tus pecados y los míos. Aparte de Jesús, no existe ninguna persona perfecta. Ninguno de nosotros está libre de pecado. Nadie es inocente **(1 Juan 1,8; Romanos 3,10-18)**.

De acuerdo con la ley de Dios, nuestro pecado debe ser castigado. No importa lo bien que actuemos, nunca se puede ser lo bastante bueno como para eliminar los pecados del pasado. ¡Somos pecaminosos! ¡Somos culpables! Y el castigo es la muerte y la separación de Dios.

El versículo **(Romanos 6,23)** dice: «*Porque la paga del pecado es muerte...*» Necesitamos el perdón, pero este no es posible a menos que alguien pague la pena del pecado.

(Hebreos 9,22) proclama: «*y sin derramamiento de sangre no se hace remisión*». Eso es lo que Jesús vino a hacer. En la cruz asumió el castigo por nuestros pecados para que fuéramos perdonados y volviéramos a ser puros.

(1 Pedro 3,18) dice: «*Cristo padeció una sola vez por los pecados*». Él nunca pecó, pero murió para que los pecadores pudieran llegar a Dios. Sufrió una muerte física, pero fue elevado a la vida en el Espíritu. Si hubiera otra forma de hacer perdonar nuestros pecados, la muerte de Jesús no habría tenido sentido. Habría sufrido sin motivo alguno, y habría mentido al decirle a la gente que Él era el único camino de regreso a Dios.

La verdadera pregunta no es «*¿Por qué es Jesús el único camino?*» La verdadera pregunta debería ser «*¿Por qué hay un camino?*» Únicamente por la misericordia y la gracia de Dios, Jesús ha trazado un camino para que volvamos a estar bien con Él, y ese acto de misericordia solo lo encontramos en Jesús.

Jesús resucito de entre los muertos.

La resurrección de Jesús también es una profecía de las Escrituras del Antiguo Testamento. El rey David escribió guiado por el Espíritu Santo: «*Porque no dejarás mi alma en el Seol [lugar de los muertos], ni permitirás que tu santo vea corrupción*» **(Salmos 16,10)**.

El manuscrito de Isaías predice también que el Mesías, el Sagrado, volverá a la vida **(Isaías 53,10-12; 52,13-15)**.

También dijo Jesús que esto ocurriría. «*Por eso me ama el Padre, porque yo pongo mi vida, para volverla a tomar. Nadie me la quita, sino que yo de mí mismo la pongo. Tengo poder para ponerla, y tengo poder para volverla a tomar. Este mandamiento recibí de mi Padre*» **(Juan 10.17-18)**.

Los hechos que hablan de la resurrección de Jesús son irrevocables. Jesús murió en la cruz. Su cuerpo fue sepultado en una tumba y custodiado. Tres días más tarde, el cuerpo de Jesús había desaparecido y hasta 500 personas dieron testimonio presencial de haber visto a Jesús con vida durante un periodo de cuarenta días. Estos hechos fueron escritos en los credos más antiguos que se conservan, que datan de unos años después de la muerte de Jesús **(1 Corintios 15,3-7)**. Los primeros cristianos estaban tan convencidos de la verdad de estos hechos que prefirieron renunciar a sus vidas antes que decir que no fueron ciertos. ¿Cómo se explica eso?

Jesús cambió la historia.

Jesús ha transformado el mundo para siempre. Millones de vidas han sido transformadas por el poder del mensaje de Jesús. Peter Kreeft, profesor de filosofía en la Universidad de Boston, escribió: «*¿Por qué miles de personas iban a sufrir torturas y la muerte por esta mentira si sabían que era una* *mentira? ¿Qué fuerza envió a los cristianos al foso de los leones mientras cantaban himnos? ¿Qué mentira pudo transformar el mundo de esa manera?»*

Millones de personas han sido transformadas radicalmente por Jesucristo. Estas personas están dispuestas a vivir por Jesús, a contar lo que Jesús ha hecho por ellas, e incluso a sufrir y morir en Su nombre. C.S. Lewis, académico de Oxford, escribió: *«Aquí, estoy tratando de evitar que alguien diga realmente la cosa más tonta que la gente a menudo dice acerca de Él: 'No tengo problema en aceptar a Jesús como un gran maestro moral, pero no acepto su afirmación de ser Dios.' Esa es la única cosa que no debemos decir. Un hombre, que fue simplemente un hombre y que dijo las cosas que Jesús dijo, no pudo haber sido un gran maestro moral. Habría sido, o un lunático -- al mismo nivel del hombre que se dice ser un huevo escalfado - o de lo contrario sería el Demonio del infierno. Usted debe hacer su elección. Este hombre, o era, y es, el Hijo de Dios: o de lo contrario un loco, o algo peor. Usted puede descartarlo como loco, puede escupirlo y matarlo como a un demonio; o puede caer a Sus pies y llamarle Señor y Dios. Pero no vengamos con ninguna tontería condescendiente acerca de que fue un gran maestro humano. Él no nos dejó esa salida. No era su intención. »*

TIEMPO PARA REFLEXIONAR

¿Qué te ha llamado más la atención sobre la excepcionalidad de Jesús?

_____

_____

_____

_____

_____

_____

¿Por qué crees que la gente rechaza que Jesús sea el único camino?

_____

_____

_____

_____

_____

¿Qué te ha convencido de que Jesús es el único camino hacia el cielo.

_____

_____

_____

_____

_____

_____

_____

TIEMPO PARA PRÁCTICA

Repasa el versículo de las Escrituras que debes memorizar esta semana.

«Jesús le dijo: Yo soy el camino, y la verdad, y la vida;
nadie viene al Padre, sino por mí». **(Juan 14,6)**

Repasa tu frase «*Voy a*» de esta semana.

Lee **(Hechos 19,1-22)**.
Mientras lees no te olvides, que es importante que uno recuerda a los acrósticos **s.i.e.n.t.a.** y **o.r.a.r.**

Practica compartiendo tu «*historia de Cristo*» y tus «*historias de crisis*».

Practica dibujando y explicando el diagrama de tu senda de vida.

Entabla una conversación espiritual con alguien de tu lista de «*Cinco principales*» esta semana.

TIEMPO PARA ORAR

Dale las gracias a Dios por haberte dado un camino para conocerlo a través del sacrificio de Jesús en la cruz.

ANOTACIÓN EN EL DIARIO, DÍA CUATRO

Selecciona. **I**dentifica. **E**studia. **N**utre tu mente. **T**oma la costumbre de orar. **A**nota aquello que Dios te dice.

_____
_____
_____
_____
_____
_____
_____
_____
_____
_____
_____
_____
_____
_____
_____
_____
_____
_____
_____
_____
_____
_____
_____

Ofrece alabanza. **R**egresa. **A**cude. **R**enuncia.

¿CÓMO PUEDE UN DIOS AMAROSO ENVIAR A ALGUIEN AL INFIERNO?

¿Sabes qué camino estás transitando?

Eran las 7:30 de una fresca mañana de domingo. Los pescadores ya estaban faenando en los márgenes del río Arkansas, y el capitán Joe Dedmon manejaba su barcaza en su ruta habitual río arriba cuando ocurrió algo horrible. Por alguna razón, el capitán Dedmon perdió la consciencia mientras manejaba la barcaza bajo el puente de la Interestatal 40 y golpeó uno de sus pilares, derribando una sección de más de 180 metros del puente. En cuestión de minutos, coches, camiones y tráilers que circulaban por la Interestatal 40 en ese fin de semana de fiesta empezaron a caer por el puente a toda velocidad los casi veinte metros que les separaban del agua. Un pescador que vio toda la escena dijo: «*empezó a caer un coche tras otro por el extremo del puente a más de cien kilómetros por hora. Nadie se dio cuenta de que el puente había desaparecido*».

Catorce personas murieron aquel día. Si hubiera habido alguien en la autopista aquella mañana para advertir a los conductores, para decirles que parasen, quizá se podrían haber salvado varias vidas.

¿En qué camino estás?
La Biblia compara nuestra vida con un viaje por un camino. Este proverbio lo expresa claramente: «*Hay camino que al hombre le parece derecho; Pero su fin es camino de muerte*» (**Proverbios 14,12**).

La Biblia deja claro que todos somos viajeros en un camino, y el camino por la que transitamos determina nuestro destino final. Hay caminos que llevan a la vida, y también hay caminos que llevan a la destrucción (**Mateo 7,13-14**). Ese lugar de destrucción se denomina infierno.

El infierno se menciona en las Escrituras 167 veces. Jesús predicó sobre el infierno treinta y tres veces en sus tres años de ministerio. Hablamos de aproximadamente un mensaje sobre el infierno al mes. Con cada mensaje, Jesús estaba junto a el camino agitando los brazos para advertir a las personas de que se encaminaban hacia la destrucción. Un día, Jesús contó una historia sobre el infierno para advertir a las personas.

«Había un hombre rico, que se vestía de púrpura y de lino fino, y hacía cada día banquete con esplendidez. Había también un mendigo llamado Lázaro, que estaba echado a la puerta de aquél, lleno de llagas, y ansiaba saciarse de las migajas que caían de la mesa del rico; y aun los perros venían y le lamían las llagas. Aconteció que murió el mendigo, y fue llevado por los ángeles al seno de Abraham; y murió también el rico, y fue sepultado. Y en el Hades alzó sus ojos, estando en tormentos, y vio de lejos a Abraham, y a Lázaro en su seno. Entonces él, dando voces, dijo: Padre Abraham, ten misericordia de mí, y envía a Lázaro para que moje la punta de su dedo en agua, y refresque mi lengua; porque estoy atormentado en esta llama. Pero Abraham le dijo: Hijo, acuérdate que recibiste tus bienes en tu vida, y Lázaro también males; pero ahora éste es consolado aquí, y tú atormentado. Además de todo esto, una gran sima está puesta entre nosotros y vosotros, de manera que los que quisieren pasar de aquí a vosotros, no pueden, ni de allá pasar acá. Entonces le dijo: Te ruego, pues, padre, que le envíes a la casa de mi padre, porque tengo cinco hermanos, para que les testifique, a fin de que no vengan ellos también a este lugar de tormento. Y Abraham le dijo: A Moisés y a los profetas tienen; óiganlos. Él entonces dijo: No, padre Abraham; pero si alguno fuere a ellos de entre los muertos, se arrepentirán. Mas Abraham le dijo: Si no oyen a Moisés y a los profetas, tampoco se persuadirán aunque alguno se levantare de los muertos».
(Lucas 16,19-31).

El hotel Hades

Jesús contó que un hombre rico murió y fue al Hades. Hades — junto con su equivalente del Antiguo Testamento, Seol — representaba el lugar al iba la gente que moría apartada de Cristo. No es un lugar permanente, sino más bien un lugar de espera temporal hasta el final de los tiempos, cuando regrese Cristo. Imagina que es el hotel Hades.

Sin embargo, Hades siempre transmitía la idea de castigo eterno. Observa cómo describía Jesús este lugar. Es un lugar de tormento. Jesús se refiere a él como el lugar de fuego en diecinueve ocasiones. El fuego ha sido siempre un símbolo de juicio divino **(Hebreos 12,29)**.

El cantante y actor Jerry Lee Lewis comentó: *«Si voy a ir al infierno, pienso tocar allí el piano"* — pero no hay ningún piano allí. Es un lugar de tormento. Es un lugar de separación.

Este hombre fue apartado de todos, separado por un gran abismo. El Hades está lleno de personas que vivieron su vida en este mundo diciendo: *«Dios, quiero seguir mis propios planes y vivir mi propia vida. No te necesito y no te quiero. Déjame en paz».* En el Hades, Dios les da lo que anhelan.

Es también un lugar de preocupación. El hombre suplicó que le dejaran mandar un mensaje a su familia. Le dijeron: «*Ellos tienen a Moisés y a los profetas; que los escuchen a ellos*» (esta es una referencia a las Escrituras). En otras palabras: Si ellos no creen en la Biblia, tampoco creerán aunque vean a alguien levantarse entre los muertos.

Este hombre sabía dónde estaba y por qué estaba allí. Nunca protestó que Dios fuera injusto. Todo el mundo en el infierno sabe por qué está ahí y que el castigo de Dios es justo.

El lugar de descanso final.

Hasta ahora hemos estado hablando sobre el Hades. Es un lugar de espera, un lugar temporal y no permanente. Sin embargo, al final el infierno no es eso. **(Apocalipsis 20,14)** dice que algún día, cuando Cristo regrese: «*Y la muerte y el Hades fueron lanzados al lago de fuego. Esta es la muerte segunda*».

Ese «*lago de fuego*» es el lugar permanente denominado infierno. Este lugar recibe el nombre de Gehena. Es una palabra que se emplea doce veces para describir al infierno, once veces por parte del propio Jesús. Literalmente se traduce como el «*valle de Hinón*». Se trata de un lugar oscuro en la historia de Israel. Si viajamos en la actualidad a Jerusalén, veremos este valle al sur de la ciudad vieja. En la época de Jesús era un vertedero donde la gente arrojaba basura y los cadáveres de los delincuentes ejecutados. Era un lugar sucio, desagradable y horrible donde olía a carne quemada. Según Jesús, esa es la descripción que mejor define a este lugar.

En cierto modo, el infierno es distinto del Hades. El infierno se describe como un lugar de tinieblas **(Mateo 8,12)**. Es un lugar donde no hay descanso **(Apocalipsis 14,11)**. Es un lugar de desamparo. En **(Mateo 25,46)**, Jesús proclamó: «*E irán éstos al castigo eterno, y los justos a la vida eterna*». El infierno es eterno. Es para siempre.

En su libro del Antiguo Testamento, Daniel escribió: «*Y muchos de los que duermen en el polvo de la tierra serán despertados, unos para vida eterna, y otros para vergüenza y confusión perpetua*» **(Daniel 12,2)**. Dante, erudito del siglo XIV, imaginó la entrada al infierno y una inscripción en la puerta con las palabras «*¡Abandona toda esperanza, tú, que entras aquí!*»

¿Por qué creó Dios un lugar como el infierno?

Dios no creó el infierno para ti. Dios no creó el infierno para la gente. El infierno fue creado para Satanás y sus demonios, que se rebelaron ante Dios. En **(Mateo 25,41)**, Jesús proclamó: «*Entonces dirá también a los de la izquierda: Apartaos de mí, malditos, al fuego eterno preparado para el diablo y sus ángeles*».

Dios preparó el infierno para el diablo y sus ángeles caídos que se rebelaron contra Él. Pero he aquí el problema: el diablo nos convenció de que tenía un plan mejor para que le siguiéramos. Y ahora el mundo entero sigue sus pasos **(Efesios 2,2)**. Seguimos sus pasos cuando mentimos, engañamos y actuamos de un modo inmoral, impío, enojado o abusivo con los demás. Estamos siguiendo sus pasos cuando infringimos las leyes de Dios, demandamos nuestro propio camino, adoramos a otros ídolos que no son Dios y exigimos a Dios que nos deje en paz.

Cuando seguimos los pasos de Satanás, nos lleva por un camino que lleva al infierno. Las únicas personas que están en el infierno son aquellas que se han rebelado contra Dios y son culpables de haber pecado. Sin embargo, la realidad es que todos hemos pecado. La Biblia dice que no hay ninguna persona viva que no haya pecado contra Dios, y que Dios sería justo y actuaría correctamente si nos enviase a todos al infierno **(Romanos 3,10-18)**.

Pero Dios te ama demasiado como para hacer eso, de modo que te trazó un camino para encontrar el perdón y escapar del infierno. Dios no creó el infierno para ti; ¡Dios creó el cielo para ti! Jesús proclamó: *«No se turbe vuestro corazón; creéis en Dios, creed también en mí. En la casa de mi Padre muchas moradas hay; si así no fuera, yo os lo hubiera dicho; voy, pues, a preparar lugar para vosotros. Y si me fuere y os preparare lugar, vendré otra vez, y os tomaré a mí mismo, para que donde yo estoy, vosotros también estéis»,* **(Juan 14,1-3)**.

Así es el corazón de Dios. Dios te ama y desea vivir ahora y durante toda la eternidad en una hermandad abundante, profunda y personal contigo. Dios envió a Su único Hijo a este mundo, y depositó todos nuestros pecados sobre Jesús **(2 Corintios 5,21)**. Cuando Jesús murió en la cruz hace 2000 años, sufrió la ira de Dios en tu nombre. Él asumió tu castigo. Ocupó tu lugar. Murió y resucitó, demostrando a todo el cielo y la tierra que puede llevarte de vuelta a una relación con Dios.

Solo hay una manera de escapar del infierno y ganar el cielo. Tienes que cambiar de dirección. La Biblia llama al arrepentimiento.

(2 Pedro 3.9) dice: *«El Señor no retarda su promesa, según algunos la tienen por tardanza, sino que es paciente para con nosotros, no queriendo que ninguno perezca, sino que todos procedan al arrepentimiento».* Dios no desea que perezcas; desea que te arrepientas, des la vuelta y acudas a Jesús.

TIEMPO PARA REFLEXIONAR

¿Qué te ha parecido la descripción que hace Jesús del infierno?

_____

_____

_____

_____

¿Por qué creó Dios el infierno?

_____

_____

_____

_____

_____

¿Qué ha hecho Dios para facilitarte una vía de escape?

_____

_____

_____

_____

_____

_____

TIEMPO PARA PRÁCTICA

Repasa el versículo de las Escrituras que debes memorizar esta semana.

«Jesús le dijo: Yo soy el camino, y la verdad, y la vida;
nadie viene al Padre, sino por mí». (Juan 14,6)

Repasa tu frase *«Voy a»* de esta semana.

Lee (Hechos 19,23-41).
Mientras lees no te olvides, que es importante que uno recuerda a los acrósticos **s.i.e.n.t.a.** y **o.r.a.r.**

Practica compartiendo tu *«historia de Cristo»* y tus *«historias de crisis»*.

Practica dibujando y explicando el diagrama de tu senda de vida.

Entabla una conversación espiritual con alguien de tu lista de *«Cinco principales»* esta semana.

TIEMPO PARA ORAR

Ora para que Dios rescate a las personas de tu lista de «Cinco principales»
de la muerte y el sufrimiento eternos.

ANOTACIÓN EN EL DIARIO, DÍA CINCO

Selecciona. **I**dentifica. **E**studia. **N**utre tu mente. **T**oma la costumbre de orar. **A**nota aquello que Dios te dice.

_____

_____

_____

_____

_____

_____

_____

_____

_____

_____

_____

_____

_____

_____

_____

_____

_____

_____

_____

_____

_____

_____

Ofrece alabanza. **R**egresa. **A**cude. **R**enuncia.

AÚN NO ESTOY PREPARADO

Si una persona no está preparada para confiar en Cristo, no te desanimes.

«Es que no estoy preparado aún». Hacía tiempo que a mi amigo le costaba encontrar a Jesús. Se crió en un hogar cristiano, pero no había desarrollado una relación personal con Cristo. Ahora, tras acudir varias veces a nuestra iglesia, estaba escuchando el Evangelio por primera vez.

Me dijo: «**He pasado por muchas cosas. Sé que soy un pecador. Sé que necesito a Jesús. Pero no sé si estoy preparado aún para decidirme**».

A lo largo de los años, he observado a mucha gente que acude a este lugar donde el Espíritu actúa sobre ellos, pero se encuentran indecisos. Unas veces, no están preparados para tomar una decisión porque saben que tienen que modificar cosas en su vida. Otra veces, dudan sobre seguir a Cristo porque saben que su familia y amigos no recibirán de buen grado su decisión.

Sea cual sea el motivo, mucha gente se ve indecisa y no se siente preparada para seguir a Jesús. Si estás compartiendo con un amigo en esa situación, tal vez no sepas como proceder. Imagina que es un semáforo. Si alguien te muestra la «luz roja» y te dice que no quiere a Jesús, deja de compartir con él **(Marcos 6,11)**. Si una persona te muestra la «luz verde» y te dice «*Sí, quiero a Jesús*», ayúdale a orar para recibir a Cristo.

Pero ¿qué se hace cuando una persona te muestra la «luz ámbar» y te dice «quizá, pero no ahora»? ¿Cómo se responde a eso? La clave está en mantener la conversación fluida y ayudarle a seguir conociendo a Jesús.

Puedes decir: «*entiendo que ahora no te sientas seguro de seguir a Jesús. Es una decisión importante, y me alegro de que la tomes en serio. Al final, todo se reduce a lo que tú hagas con Jesús. Si vas a seguirlo, o si vas a rechazarlo*».

Continúa diciendo: «*Dado que todo depende de Jesús, sería recomendable dedicar tiempo a investigar quién es Jesús realmente. Incluso los eruditos más brillantes de la historia han dedicado su tiempo a estudiar a Jesús, pero la mayoría de la gente piensa que no tiene tiempo o capacidad para sentarse a leer la Biblia y aprender todo lo que necesita saber sobre Él. Hay un libro en la biblia el Evangelio de Juan con un contenido que estoy seguro de que te ayudara. Juan fue uno de los doce discípulos de Jesús, y en cierto modo era el mejor amigo de Jesús. Juan ofrece un relato de primera mano sobre su experiencia como seguidor de Jesús. ¿Estás dispuesto a dedicar unos próximos semanas a conocer mejor a Jesús?»*

Lo que necesita la gente que está bloqueada en «*luz ámbar*» es escuchar habitualmente la Palabra de Dios y respuestas reflexivas a sus preguntas. Cuanto más lean las Escrituras, más poderosa será la acción de Dios sobre sus corazones **(Isaías 55,10-11; Hebreos 4,12)**. Cuantas más respuestas firmes escuchen a sus preguntas, más barreras eliminarán para continuar siguiendo a Jesús.

Si la persona está abierta a reunirse contigo, significa que está buscando a Jesús de manera activa. Si se niega a reunirse contigo, en realidad te está mostrando una «*luz roja*», solo que no quiere herir tus sentimientos. De igual modo, con esta oferta le estás ayudando a pasar de la indecisión a la decisión.

No olvides que el Espíritu Santo es quien mueve los hilos. Cuando el Espíritu le conmine a seguir explorando, podrás seguir caminando a su lado. Sin embargo, si el Espíritu no le mueve a conocer más a fondo a Jesús, será absurdo obligarle a hacer algo para lo que el Espíritu no se le está dirigiendo. En última instancia, es el Espíritu quien se encarga de atraer a las personas a Cristo **(Juan 6,44; 14,16-17; 15,26; 16,8-11; 16,14)**.

Mi amigo no llegó a Cristo aquel día, pero siguió acudiendo a la iglesia. Entro en un grupo reducido y empezó a leer la Biblia para buscar respuesta a sus preguntas. Alrededor de un año más tarde, ya oraba para recibir a Cristo y hoy en día habla activamente a la gente acerca de Jesús.

TIEMPO PARA REFLEXIONAR

¿A quién conoces que esté bloqueado en «*luz ámbar*»?

_____

_____

_____

_____

_____

_____

_____

¿Por qué es tan importante la exposición a la Palabra de Dios?

_____

_____

_____

_____

_____

_____

_____

_____

TIEMPO PARA PRÁCTICA

Repasa el versículo de las Escrituras que debes memorizar esta semana.

«Jesús le dijo: Yo soy el camino, y la verdad, y la vida;
nadie viene al Padre, sino por mí». **(Juan 14,6)**

Repasa tu frase *«Voy a»* de esta semana.

Lee **(Hechos 20,1-12)**.
Mientras lees no te olvides, que es importante que uno recuerda a los acrósticos **s.i.e.n.t.a.** y **o.r.a.r.**

Practica compartiendo tu *«historia de Cristo»* y tus *«historias de crisis»*.

Practica dibujando y explicando el diagrama de tu senda de vida.

Entabla una conversación espiritual con alguien de tu lista de *«Cinco principales»* esta semana.

TIEMPO PARA ORAR

Ora para que Dios te ayude a manejar aquellas conversaciones sobre el Evangelio
que no acaben en un «sí».

ANOTACIÓN EN EL DIARIO, DÍA SEIS

Selecciona. **I**dentifica. **E**studia. **N**utre tu mente. **T**oma la costumbre de orar. **A**nota aquello que Dios te dice.

_____

_____

_____

_____

_____

_____

_____

_____

_____

_____

_____

_____

_____

_____

_____

_____

_____

_____

_____

_____

_____

_____

Ofrece alabanza. **R**egresa. **A**cude. **R**enuncia.

TU DÍA PARA ORAR

Hoy no tienes ninguna lectura adicional. Dedica tiempo a la Palabra de Dios, escucha Su voz y ora fervientemente por tus amigos perdidos.

TIEMPO PARA REFLEXIONAR

Observa tu lista de «*Cinco principales*». Reflexiona sobre cuáles de estas objeciones retiene a cada persona de la lista. Anota a continuación tus reflexiones.

¿Alguno de tus amigos está en «luz ámbar»?

¿Estará dispuesto a someterse al estudio del Evangelio de Juan contigo?

_____

_____

_____

_____

_____

_____

_____

_____

_____

_____

TIEMPO PARA PRÁCTICA

Repasa el versículo de las Escrituras que debes memorizar esta semana.

«Jesús le dijo: Yo soy el camino, y la verdad, y la vida;
nadie viene al Padre, sino por mí». (Juan 14,6)

Repasa tu frase «Voy a» de esta semana.

Lee **(Hechos 20,13-38)**.
Mientras lees no te olvides, que es importante que uno recuerda a los acrósticos **s.i.e.n.t.a.** y **o.r.a.r.**

Practica compartiendo tu «historia de Cristo» y tus «historias de crisis».

Practica dibujando y explicando el diagrama de tu senda de vida.

Entabla una conversación espiritual con alguien de tu lista de «Cinco principales» esta semana.

PARA EL TRABAJO EN GRUPO

Mi frase **«Voy a»**:

En la línea de lo que acabo de estudiar, esta semana voy a poner en práctica lo siguiente:

_____

_____

_____

_____

_____

_____

_____

_____

_____

_____

_____

_____

_____

_____

_____

_____

_____

_____

_____

_____

_____

_____

_____

_____

_____

_____

_____

ANOTACIÓN EN EL DIARIO, DÍA SIETE

Selecciona. **I**dentifica. **E**studia. **N**utre tu mente. **T**oma la costumbre de orar. **A**nota aquello que Dios te dice.

_____

_____

_____

_____

_____

_____

_____

_____

_____

_____

_____

_____

_____

_____

_____

_____

_____

_____

_____

_____

_____

_____

Ofrece alabanza. **R**egresa. **A**cude. **R**enuncia.

ANOTACIÓN EN EL DIARIO

Selecciona. **I**dentifica. **E**studia. **N**utre tu mente. **T**oma la costumbre de orar. **A**nota aquello que Dios te dice.

_____

_____

_____

_____

_____

_____

_____

_____

_____

_____

_____

_____

_____

_____

_____

_____

_____

_____

_____

_____

_____

_____

Ofrece alabanza. **R**egresa. **A**cude. **R**enuncia.

TRABAJAR EN TU
CAMPO

SEMANA SEIS ◀

▶ **VERSÍCULO PARA MEMORIZAR**

«Entrad por la puerta a estrecha, porque ancha es la puerta y espacioso el camino que lleva a la perdición, y muchos son los que entran por ella; porque estrecha es la puerta y angosto el camino que lleva a la vida, y pocos son los que la hallan».

(MATEO 7,13-14)

IDENTIFICANDO TU CAMPO

Has sido estratégicamente colocado para hacer un impacto eterno.

Estás donde estás por un motivo. Cuando se trata de Dios, no existen los errores ni las coincidencias. Él te colocó en tu trabajo, en tu barrio, en tu escuela y en tu red social por un motivo. Fuiste elegido y colocado estratégicamente para dejar un impacto eterno en las personas que ves a diario.

Hace unos años, cuando se hablaba de vivir con una misión, la gente imaginaba a alguien que iba al «campo misionero». Alguien que embarcaba en un avión o un barco con destino a un país y una cultura distantes, y donde se alcanza a la gente con el Evangelio. Sin embargo, hoy el mundo ha venido a nosotros. Vivir con una misión no significa que vayas a «ser un misionero». Significa «pensar como un misionero» en el lugar donde vives.

Nunca olvidaré cuando uno los líderes habló acerca de esto a un pequeño grupo de pastores. Cogió un rotulador negro y dibujó un enorme círculo en la pizarra blanca que había detrás de él. «Esta es vuestra ciudad», dijo mientras dibujaba líneas rectas que cruzaban el círculo para representar las calles que pasan en todas las direcciones. «Aquí están vuestras iglesias», dijo mientras dibujaba pequeños cuadros con campanarios, todo ello dentro del círculo.

«Aunque las iglesias se llenaran al máximo, no podrían dar cabida a todas las personas de vuestra ciudad», prosiguió. Todos los pastores asintieron.

«Estos son vuestros fieles», dijo mientras llenaba el círculo de puntos. «La gente de vuestra iglesia pasan la mayoría del tiempo en la ciudad. Van a centros de enseñanza, trabajan en lugares distinctos, juegan en equipos de fútbol y viven en barrios repartidos por toda la ciudad».

Todas las miradas estaban fijas en este sencillo diagrama.

Y prosiguió: «El plan de Dios es repartir a Su gente por toda la cultura, integrarlos en cada apartado de vuestra comunidad, para luego activarlos con el Espíritu Santo para llegar a la gente que tienen alrededor con la esperanza del Evangelio».

Mientras reflexionando sobre ello, me di cuenta de que el plan de Dios es increíblemente sencillo e ingenioso. Te ha colocado allí donde necesita a un testigo fiel. Ha repartido a Su gente como granos de sal en una sopa, y ahora pretende liberarlos para que vivan con pasión el propósito de su misión para Él justo en el lugar donde están plantados.

Piensa en cómo cambiaría todo si cada cristiano de tu centro de enseñanza pudiese orar y trabajar como un equipo para llegar a toda la gente de allí. Imagina cómo sería si cada creyente de tu trabajo o tu barrio trabajara en equipo para alcanzar a tus compañeros y vecinos perdidos. Eso sería mucho más que bueno; ¡sería revolucionario! Para esto te ha llamado Dios: para que seas Su testigo en el campo donde Él te ha plantado.

En **(Mateo 9,35-38)** Jesús está a punto de enviar a Sus discípulos con la misión de compartir el Evangelio con la gente que conocen, en las ciudades donde se han criado. «*Recorría Jesús todas las ciudades y aldeas, enseñando en las sinagogas de ellos, y predicando el evangelio del reino, y sanando toda enfermedad y toda dolencia en el pueblo. Y al ver las multitudes, tuvo compasión de ellas; porque estaban desamparadas y dispersas como ovejas que no tienen pastor. Entonces dijo a sus discípulos: A la verdad la mies es mucha, mas los obreros pocos. Rogad, pues, al Señor de la mies, que envíe obreros a su mies*».

En la segunda semana, observamos este pasaje y vimos cómo Jesús se alcanzaba a los que sufren y a los marginados. Vimos la misericordia de Jesús con aquellos que sufren. Ahora quiero que veas una cosa más de este pasaje. Mira cómo se sirve Jesús de las palabras para describir sus áreas de influencia. Dijo: «*Chicos, os voy a enviar a un campo de cosecha, y este campo está lleno de cultivos que ya están listos para su recogida. Orad para que el Padre envíe a más jornaleros para trabajar en el campo con vosotros*».

Como crecí en una comunidad agrícola, el término «*campo de cosecha*» invoca todo tipo de imágenes en mi mente. Imagino hileras e hileras de tallos de maíz listos para su cosecha. Imagino ondas doradas de grano listo para ser cortado y llevado al granero. En cualquier caso, los agricultores trabajan en un campo que es el suyo. Bien es suyo en propiedad o bien viven en él y lo trabajan. Conocen las lindes de su campo. Saben que los cultivos son su responsabilidad, y sienten una gran alegría cuando la cosecha es fructífera.

Del mismo modo, se te ha asignado un campo para trabajar. Es el lugar donde Dios te ha colocado para realizar el trabajo de Su reino. Es claramente identificable. Tiene sus límites. Hay personas en ese campo. Es un lugar donde conoces y conectas con las personas.

Con el paso de los años, he descubierto que Dios ha puesto a cada persona en cuatro campos: donde vive (su barrio, apartamento), donde trabaja (su oficina, compañeros, contactos comerciales), donde aprende (el centro de enseñanza donde estudias o su familia) y donde se recrea (su equipo deportivo, clubes sociales, organizaciones empresariales o hobbies). Dios te ha colocado en estos cuatro campos.

El primer paso para vivir con una misión a largo plazo es identificar tus cuatro campos para luego determinar qué campo está listo para su cosecha. En los Apéndices de este libro encontrarás el apartado «*Vivir con una misión: guía de campo*». Esta semana vamos a trabajar con esa herramienta que te ayudará a identificar tus cuatro campos, para luego concentrar en uno de los campos donde creas que Dios está actuando. A medida que vayas concentrando, te enseñaremos cómo trabajar en tu campo para que veas una cosecha de personas llegando a Jesús.

Nota: Antes de seguir avanzando, quiero recordarte dos cosas muy importantes. En primer lugar, es posible que el primer campo que te venga a la mente no sea el más receptivo al Evangelio. Debes estar abierto al Espíritu Santo para que te indique dónde debes pasar más tiempo cultivando relaciones. En segundo lugar, solo porque un campo esté abierto y receptivo no significa que siempre vaya a estarlo. A menudo, un campo se muestra receptivo un tiempo, pero las cosas cambian. La gente se mueve. Llegarán nuevas personas a ese campo que no se muestren tan receptivas hacia ti o el Evangelio. En ese momento, deberás concentrarte en otro de los campos donde Dios te ha colocado. Muéstrate flexible al cambio. Déjate llevar por donde el Espíritu considere oportuno.

TIEMPO PARA REFLEXIONAR

¿Cuáles son tus cuatro campos? Sé específico. Identifica los límites de cada campo.

_____

_____

_____

_____

_____

_____

¿Qué esperas que haga Dios en esos cuatro campos a través de ti?

_____

_____

_____

_____

_____

_____

_____

¿En qué campo consideras que está trabajando Dios de un modo más activo? ¿Por qué?

_____

_____

_____

_____

_____

_____

TIEMPO PARA PRÁCTICA

Empieza memorizando el versículo de la Escritura de la semana.

«Entrad por la puerta a estrecha, porque ancha es la puerta y espacioso el camino que lleva a la perdición, y muchos son los que entran por ella; porque estrecha es la puerta y angosto el camino que lleva a la vida, y pocos son los que la hallan». **(Mateo 7,13-14)**

Repasa tu frase *«Voy a»* de esta semana.

Lee **(Hechos 21,1-16)**.
Mientras lees no te olvides, que es importante que uno recuerda a los acrósticos **s.i.e.n.t.a.** y **o.r.a.r.**

Practica compartiendo tu *«historia de Cristo»* y tus *«historias de crisis»*.

Practica dibujando y explicando el diagrama de tu senda de vida.

Entabla una conversación espiritual con alguien de tu lista de *«Cinco principales»* esta semana.

Completa la sección 1 de tu tarea *«Vivir con una misión: guía de campo»*.

TIEMPO PARA ORAR

Ora a Dios para que te ayude a identificar los campos donde Él te ha colocado.

ANOTACIÓN EN EL DIARIO, DÍA UNO

Selecciona. **I**dentifica. **E**studia. **N**utre tu mente. **T**oma la costumbre de orar. **A**nota aquello que Dios te dice.

_____

_____

_____

_____

_____

_____

_____

_____

_____

_____

_____

_____

_____

_____

_____

_____

_____

_____

_____

_____

_____

Ofrece alabanza. **R**egresa. **A**cude. **R**enuncia.

¿QUIÉN ESTÁ EN TU CAMPO?

Las personas de tu campo pueden ser socios o peticiones de una oración.

Una vez que hayas identificado el campo donde Dios te dirige para que trabajes, el siguiente paso es identificar a las personas que están en el mismo. Cuando Jesús desafio a Sus discípulos a ver a las personas de su alrededor como el «campo» donde el Padre les enviaba a hacer Su trabajo, les dio órdenes específicas para entrar en su campo.

> *«Entonces llamando a sus doce discípulos, les dio autoridad sobre los espíritus inmundos, para que los echasen fuera, y para sanar toda enfermedad y toda dolencia. Los nombres de los doce apóstoles son estos: primero Simón, llamado Pedro, y Andrés su hermano; Jacobo hijo de Zebedeo, y Juan su hermano; Felipe, Bartolomé, Tomás, Mateo el publicano, Jacobo hijo de Alfeo, Lebeo, por sobrenombre Tadeo, Simón el cananista, y Judas Iscariote, el que también le entregó. A estos doce envió Jesús, y les dio instrucciones, diciendo: Por camino de gentiles no vayáis, y en ciudad de samaritanos no entréis, sino id antes a las ovejas perdidas de la casa de Israel. Y yendo, predicad, diciendo: El reino de los cielos se ha acercado. Sanad enfermos, limpiad leprosos, resucitad muertos, echad fuera demonios; de gracia recibisteis, dad de gracia. No os proveáis de oro, ni plata, ni cobre en vuestros cintos; ni de alforja para el camino, ni de dos túnicas, ni de calzado, ni de bordón; porque el obrero es digno de su alimento».*
> **(Mateo 10.1-10)**

Jesús no les envió primero a los gentiles (pueblo no judío) ni a los samaritanos (una raza mestiza de judíos y no judíos), sino que les envió a las comunidades judías que ya conocían y a las personas con las que más se identificaban. Tu campo debe ser un lugar que tú frecuentes, con personas con las que ya estés forjando una relación.

Cuando pienses en el campo donde Dios te ha colocado, plantéate estas preguntas:

¿Quiénes son los creyentes de tu campo?

Jesús envió a Sus hombres de dos en dos a sus campos. Esta es una de las pocas enumeraciones de los doce discípulos, y es interesante que estén enumerados por parejas. Hay quien piensa que estas parejas son las que formó Jesús para enviarlos a Su misión. ¿Por qué los envió Jesús en parejas? Él sabía que el trabajo sería duro y que cada trabajador necesitaría oraciones y ánimos para seguir adelante.

Este es el razonamiento: Necesitas a otros creyentes que trabajen contigo para alcanzar a tu campo. Identifica ahora a los creyentes de tu campo. Es posible que conozcas a algún compañero de trabajo que sea un cristiano convencido, o a varios padres fieles a Dios cuyos niños van a la escuela de tu hijo. Es posible que conozcas a algún vecino que vaya a tu iglesia. Empieza pidiendo al Señor que te ponga en contacto con otros creyente de tu campo para que podáis orar y trabajar juntos en Su obra.

¿Cuáles son las necesidades de las personas de tu campo?

Antes de adentrarse en territorio conocido juntos, Jesús les dijo que identificaran las necesidades que podían abordar. Les dijo: «*Sanad enfermos, limpiad leprosos, resucitad muertos, echad fuera demonios...*» **(Mateo 10,8)**. Las enfermedades físicas y las tinieblas espirituales eran necesidades evidentes de estas personas. Sufrían por dentro y por fuera, de modo que Jesús les pidió que empezaran por ahí. Empieza abordando necesidades. Tanto Jesús como Pablo solían desplazarse a todos los lugares buscando formas de abordar necesidades.

Y bien, ¿cuáles son las necesidades de las personas de tu campo? Busca «*necesidades externas*» y «*necesidades internas*». Las necesidades externas son cosas obvias que cualquiera identifica como una necesidad que se puede abordar. Es posible que lo que más necesite tu centro de enseñanza sean voluntarios. Si te prestas como voluntario, puedes empezar a entablar relaciones con otros. Es posible que en tu barrio se necesite a alguien para preparar comida para un vecino al que acaban de operar. Es posible que en tu oficina se necesite organizar un equipo de fútbol.

Busca también las necesidades internas en tu campo. Las necesidades internas son necesidades más sustanciales, que tocan el corazón y el alma, como entablar relaciones saludables, liberarse de adicciones o encontrar respuesta a cuestiones espirituales. Puedes empezar abordando sus necesidades mediante conversaciones personales, o bien mediante grupos de apoyo más organizados o estudios bíblicos que tratan problemas matrimoniales, de estrés o financieros.

Cuando ores con otros creyentes y empieces a abordar las necesidades de tu campo, empezarás a cultivar relaciones. Al igual que un agricultor cultiva el suelo antes de plantar la semilla, es necesario cultivar relaciones antes de poder plantar el Evangelio. No olvides la advertencia de Jesús a Sus hombres: «*Jamás aceptéis pago alguno por las buenas obras que realicéis en vuestro campo. Ofrecedlas gratis, No permitáis que nadie piense que lo hacéis con ánimo de lucro. Hacedles ver que lo hacéis de corazón y por preocupación genuina*».

¿Se muestra receptivo tu campo?

A la hora de abordar necesidades y cultivar relaciones, busca a las personas que se muestren más abiertas y receptivas. Puede que sean las personas que tú esperas, o quizá sean personas que jamás te esperarías. Por eso, vivir con una misión es una gran aventura. El Espíritu sabe quién ha estado orando y buscando a alguien que le hable de Jesús. Tu tarea es estar abierto y esperando a que esa persona aparezca.

Una amigo me contó que él y otros empresarios decidieron organizar una comida mensual para estrechar relaciones con sus socios comerciales. Mi amigo invitó a un cliente y le recogió en su despacho para ir a comer. Al terminar, ya de vuelva en su despacho, el cliente invitó a mi amigo a conocer a su esposa, que trabajaba en el almacén de atrás. Mientras hablaban, la mujer dijo: «He estado orando para que Dios me envíe a alguien que me diga cómo puedo ir al cielo». En unos minutos, mi amigo compartió el Evangelio con esta pareja y ambos llegaron a Cristo.

Nunca se sabe dónde está actuando Dios ni quién se va a mostrar más receptivo contigo y con el Evangelio, así que abre bien los ojos.

TIEMPO PARA REFLEXIONAR

¿Quiénes son los demás creyentes de tu campo?

_____

_____

_____

_____

_____

_____

_____

¿De qué manera puedes saber quiénes son creyentes y quiénes no lo son?

_____

_____

_____

_____

_____

_____

_____

TIEMPO PARA PRÁCTICA

Repasa el versículo de las Escrituras que debes memorizar esta semana.

«Entrad por la puerta a estrecha, porque ancha es la puerta y espacioso el camino que lleva a la perdición, y muchos son los que entran por ella; porque estrecha es la puerta y angosto el camino que lleva a la vida, y pocos son los que la hallan». **(Mateo 7,13-14)**

Repasa tu frase *«Voy a»* de esta semana.

Lee **(Hechos 21,17-40)**.
Mientras lees no te olvides, que es importante que uno recuerda a los acrósticos **s.i.e.n.t.a.** y **o.r.a.r.**

Practica compartiendo tu *«historia de Cristo»* y tus *«historias de crisis»*.

Practica dibujando y explicando el diagrama de tu senda de vida.

Entabla una conversación espiritual con alguien de tu lista de *«Cinco principales»* esta semana.

Completa la sección 2 de tu tarea *«Vivir con una misión: guía de campo»*.

TIEMPO PARA ORAR

Pide a Dios que te ayude a ser deliberado a la hora de entrar en tus distintos campos de cosecha.

ANOTACIÓN EN EL DIARIO, DÍA DOS

Selecciona. **I**dentifica. **E**studia. **N**utre tu mente. **T**oma la costumbre de orar. **A**nota aquello que Dios te dice.

_____

_____

_____

_____

_____

_____

_____

_____

_____

_____

_____

_____

_____

_____

_____

_____

_____

_____

_____

_____

_____

Ofrece alabanza. **R**egresa. **A**cude. **R**enuncia.

ORANDO POR TU CAMPO

Para alcanzar a las personas de tu campo necesitas depender de Dios en la oración.

Alcanzar a personas alejadas de Dios es una tarea sobrenatural. Es algo que no puedes hacer por ti mismo. Es necesario depender de Dios en la oración en cada paso del proceso.

Nunca olvidaré orando por el barrio alrededor de la iglesia donde era pastor hace unos años mientras hice un paseo por el barrio. Frente a ella había una escuela de enseñanza secundaria llena de niños del centro urbano. La escuela estaba vieja y deteriorada, rodeada por un muro de piedra con alambre de espino en la parte superior.

Cuando paseaba por la escuela aquella mañana orando por los profesores y alumnos, Dios me habló al corazón:
«Craig, ¿cuánto tiempo hace que no entras en esta escuela?»

De inmediato, me sentí culpable porque nunca había entrado en las instalaciones de la escuela. Me puse a orar rápidamente.
«Señor, iré el lunes por la mañana».

Ese paseo de oración me llevó a una larga relación no solo con la escuela, sino con cinco escuelas de nuestra zona, y como resultado cientos de alumnos y profesores llegaron a la fe en Jesús. Como es, Dios ya estaba actuando en esa escuela. Simplemente no me di cuenta hasta que oré.

Si quieres alcanzar a tu campo, tendrás que buscar al Señor en ferviente oración para pedirle que te guíe.

En una ocasión, Jesús estaba envuelto en una disputa con los líderes religiosos de Su época, y dijo:
«Y Jesús les respondió: Mi Padre hasta ahora trabaja, y yo trabajo… Respondió entonces Jesús, y les dijo: De cierto, de cierto os digo: No puede el Hijo hacer nada por sí mismo, sino lo que ve hacer al Padre; porque todo lo que el Padre hace, también lo hace el Hijo igualmente» **(Juan 5,17;19)**. En los años que he estado reflexionando sobre estos versículos, he llegado a la conclusión de que, en realidad, Jesús nos está mostrando cinco maneras de orar por las personas a las que intentamos alcanzar.

Alabado sea Dios porque ya está trabajando en tu campo.

Jesús dijo: «*Mi Padre hasta ahora trabaja*». Entendía que el Padre siempre está trabajando, atrayendo a personas hacia Sí mismo. Esta es una promesa asombrosa. Dios siempre está a nuestro lado. Está trabajando en tu barrio, en tu centro de enseñanza, en tu oficina o compañía, e incluso en el equipo de futbol de tu hijo. Dios está trabajando en los corazones de las personas, y los está preparando para encontrarse contigo y escuchar el Evangelio.

En **(Hechos 8,26)**, el Espíritu de Dios instruye a Felipe para que transite por cierto camino al sur de Jerusalén. Allí se encuentra con un funcionario etíope que estaba dispuesto a escuchar el Evangelio. ¿Fue una coincidencia? ¡No, fue la providencia! Dios ya estaba trabajando para poner en contacto a una persona buscadora con un evangelista. Alabado sea Dios, pues Él ya está trabajando y preparando los corazones de las personas.

Pide a Dios que te muestre dónde está trabajando para que puedas unirte a Él.

Después de decir que el Padre estaba trabajando, Jesús añadió: «*y yo trabajo*». Este es un principio fascinante de las Escrituras: Aunque Dios está trabajando y es perfectamente capaz de alcanzar lo que Él desee, ¡complace a Dios invitándonos a unirnos a Él en Su trabajo! Dios desea que te impliques en Su obra. Nuestro Padre celestial se complace en dejarnos participar en esta obra de redención, mientras Él tiene el poder y la capacidad para transformar vidas.

Pide a Dios que te muestre dónde está trabajando. Pronuncia la oración: «*Señor, llévame hasta las personas con las que estás hablando y guíame a los lugares donde estás trabajando. ¡Gracias por dejarme desempeñar un pequeño papel en tu gran plan redentor!*»

Pide a Dios que transforme las vidas de las personas que te rodean.

Incluso Jesús, en Su humilde condición de ser humano, reconoció Su acuciante necesidad del poder del Padre en Su vida. Admitió: «*De cierto, de cierto os digo: No puede el Hijo hacer nada por sí mismo*».

El apóstol Pablo escribió a la iglesia de Filipo: «***Haya, pues, en vosotros este sentir que hubo también en Cristo Jesús, el cual, siendo en forma de Dios, no estimó el ser igual a Dios como cosa a que aferrarse, sino que se despojó a sí mismo, tomando forma de siervo, hecho semejante a los hombres; y estando en la condición de hombre, se humilló a sí mismo, haciéndose obediente hasta la muerte, y muerte de cruz***» **(Filipenses 2,5-8)**. Humildemente, Jesús nos enseñó que debemos vivir dependiendo del Padre para todo.

Jesús lo expresó claramente cuando proclamó: «***Yo soy la vid, vosotros los pámpanos; el que permanece en mí, y yo en él, éste lleva mucho fruto; porque separados de mí nada podéis hacer***» **(Juan 15,5)**. Únicamente Dios puede transformar una vida. Únicamente Él puede llevar a una persona a la fe y al arrepentimiento. Ora para que Dios haga lo que solo Él puede hacer. Pídele que alcance, condene, abra ojos ciegos, transforme corazones y salve a aquellas personas de tu campo que lo necesitan desesperadamente.

Pide a Dios que te abra los ojos para ver a las personas del modo en que las ve Él.

Cuando ores para que Dios trabaje en los corazones de las personas de tu campo, pídele también que trabaje en el tuyo. Pídele que te abra los ojos para ver a las personas como las ve Él. Jesús dijo: «*No puede el Hijo hacer nada por sí mismo, sino lo que ve hacer al Padre*» **(Juan 5,19)**.

Necesitas ojos espirituales. Ojos para ver las necesidades de la gente. Ojos para ver dónde está trabajando Dios. Ojos de misericordia para los que sufren. Ojos de sabiduría y discernimiento. Ojos para ver más allá de las realidades físicas y apreciar las realidades espirituales que te rodean. Pide a Dios que te dé una visión y perspicacia sobrenaturales para ver Sus caminos y propósitos.

El apóstol Pablo pronunció una oración por ello en la iglesia de Éfeso. Proclamó: «*alumbrando los ojos de vuestro entendimiento...*» **(Efesios 1,18)**. Oraba para que su visión espiritual pudiera observar lo que Dios estaba haciendo a su alrededor. Pide lo mismo para ti. Ora para que Dios te dé una visión espiritual para ver dónde está trabajando y cómo puedes unirte a Él.

Entrega tu vida completamente a Dios.

Dios busca obediencia. Una cosa es reconocer que Dios está trabajando y que desea que te unas a Él en Su obra. Puedes orar incluso para que Dios intervenga en las vidas de las personas que te rodean y te dé una visión espiritual para apreciar lo que Él está haciendo. Y otra cosa es que realmente llegues a hacer algo.

Dios busca a personas que oren, que vean dónde está trabajando Él y actúen movidos por la fe y la obediencia hacia Su liderazgo. La obediencia a Jesús para alcanzar tu campo exigirá ciertos cambios por tu parte. Tendrás que sentirte incómodo. Tendrás que confiar en Dios y avanzar en la fe a medida que vayas forjando esa relación, abrir la boca y compartiendo lo que Jesús ha hecho por ti.

Jesús proclamó: «*Respondió entonces Jesús, y les dijo: De cierto, de cierto os digo: No puede el Hijo hacer nada por sí mismo, sino lo que ve hacer al Padre; porque todo lo que el Padre hace, también lo hace el Hijo igualmente*» **(Juan 5,19)**. Jesús siempre fue obediente para hacer aquello que el Padre le ordenaba.

En otra ocasión, Jesús dijo: «*Porque el que me envió, conmigo está; no me ha dejado solo el Padre, porque yo hago siempre lo que le agrada*» **(Juan 8,29)**. ¿Puedes tú decir lo mismo? ¿Puedes decir «siempre sigo los designios del Espíritu en mi vida en lo que se refiere a compartir mi fe»?

De nuevo, Jesús dijo: «*Porque he descendido del cielo, no para hacer mi voluntad, sino la voluntad del que me envió*» **(Juan 6,38)**. Esto es lo que busca Dios: personas que hagan Su voluntad en lugar de la propia.

Ora para que el Padre te dé el coraje para hablar cuando Él te pida hablar, y para servir cuando Él te conmine a servir. Pídele una osadía sobrenatural para captar a las personas alejadas de Él con la esperanza del Evangelio.

¿Por qué es tan importante depender de la oración?

_____
_____
_____
_____
_____
_____

¿Cómo puedes reunirte con otros creyentes para orar por las personas de tu campo?

_____
_____
_____
_____
_____
_____
_____
_____
_____

¿Qué necesitas para orar a propósito por las personas a las que tratas de alcanzar?

_____
_____
_____
_____
_____
_____
_____
_____

TIEMPO PARA PRÁCTICA

Repasa el versículo de las Escrituras que debes memorizar esta semana.

«Entrad por la puerta a estrecha, porque ancha es la puerta y espacioso el camino que lleva a la perdición, y muchos son los que entran por ella; porque estrecha es la puerta y angosto el camino que lleva a la vida, y pocos son los que la hallan». **(Mateo 7,13-14)**

Repasa tu frase *«Voy a»* de esta semana.

Lee **(Hechos 22,1-30)**.
Mientras lees no te olvides, que es importante que uno recuerda a los acrósticos **s.i.e.n.t.a.** y **o.r.a.r.**

Practica compartiendo tu *«historia de Cristo»* y tus *«historias de crisis»*.

Practica dibujando y explicando el diagrama de tu senda de vida.

Entabla una conversación espiritual con alguien de tu lista de *«Cinco principales»* esta semana.

Completa la sección 3 de tu tarea *«Vivir con una misión: guía de campo»*.

TIEMPO PARA ORAR

Pide a Dios que te abra los ojos para ver a las personas de tu campo del modo en que las ve Él.

ANOTACIÓN EN EL DIARIO, DÍA TRES

Selecciona. **I**dentifica. **E**studia. **N**utre tu mente. **T**oma la costumbre de orar. **A**nota aquello que Dios te dice.

_____

_____

_____

_____

_____

_____

_____

_____

_____

_____

_____

_____

_____

_____

_____

_____

_____

_____

_____

_____

_____

_____

_____

_____

Ofrece alabanza. **R**egresa. **A**cude. **R**enuncia.

LA PERSONA DE PAZ

Dios ya ha elegido a una persona para que te ayude.

No llevaba mucho tiempo en la iglesia cuando conocí al entrenador principal de la escuela secundaria de nuestra localidad. Acudía a nuestra iglesia y forjamos una gran amistad. Un buen día me invitó a compartir una reflexión devota con el equipo antes del partido y a quedarme a su lado en el banquillo. Nunca olvidaré la primera vez que entré en el vestuario. No conocía a nadie de los jugadores o el resto de entrenadores, y era evidente que acababa de entrar en su territorio privado.

Aunque todos fueron muy amables conmigo, estaba claro que solo estaba allí porque el entrenador principal lo había pedido. Pero al convivir con el equipo semana tras semana y presenciar los partidos desde el banquillo, los jugadores y entrenadores empezaron a hacerse comodo con mí. Con los años, me convertí en parte del equipo y me recibieron con los brazos abiertos. Poco después tuve la oportunidad de ver llegar a la fe en Cristo a varios de los entrenadores, e incluso convertirse en discípulos.

En una mañana de domingo en la que se bautizó uno de los entrenadores, le dije al entrenador principal: «¡Todo esto es gracias a ti!» Me miró sorprendido.

«¿A qué te refieres?», me preguntó. «Bueno, fuiste tú quien abrió la puerta y me invitó a formar parte de este grupo tan compacto», le dije. «Si no lo hubieras hecho, este entrenador no estaría conociendo hoy a Cristo». Sonrió. No era consciente del fin tan importante para el que lo había utilizado Dios.

Cuando Jesús instruyó a Sus hombres para trabajar en sus campos, les dijo que estuvieran alerta para encontrar a personas especiales que Dios les pusiera en su camino para abrir puertas y dejar una huella mayor. Dijo: **«Mas en cualquier ciudad o aldea donde entréis, informaos quién en ella sea digno, y posad allí hasta que salgáis. Y al entrar en la casa, saludadla. Y si la casa fuere digna, vuestra paz vendrá sobre ella; mas si no fuere digna, vuestra paz se volverá a vosotros. Y si alguno no os recibiere, ni oyere vuestras palabras, salid de aquella casa o ciudad, y sacudid el polvo de vuestros pies. De cierto os digo que en el día del juicio, será más tolerable el castigo para la tierra de Sodoma y de Gomorra, que para aquella ciudad»** (Mateo 10,11-15).

En la época de Cristo, no había hoteles para los visitantes que llegaban a las aldeas. Normalmente se reconocía rápidamente a los visitantes como gente que «no son de aquí», y dependían de que alguien les invitara a su casa; de lo contrario, tendrían que dormir a la intemperie en las puertas de la ciudad. Jesús pidió a Sus hombres que fueran a las aldeas a predicar sobre el reino de Dios, sanar y abordar las necesidades de la comunidad. Les pidió también que buscaran a alguien que les abriera las puertas de su casa. Les dijo: «Cuando conozcáis a esa persona, que vuestra paz y la paz de Dios sean con él. Quedaos con él y no os separéis. Es la persona que Dios ha elegido para que os abra las puertas y compartáis con el Evangelio en la comunidad».

Dios sigue trabajando de ese modo hoy en día. Los fundadores de iglesias suelen llamar a este individuo la «persona de paz». Una persona de paz es alguien de tu campo — un vecino, compañero de trabajo, director, entrenador — que se muestra abierto hacia ti y tu mensaje, y te invita a su círculo de amistades e influencias. Dios utiliza a esa persona para presentarte a aquellas personas que necesitan el Evangelio.

Estarás pensando: «¿Y qué debo hacer cuando encuentre a esa persona?» Jesús dijo: «¡Quedaos con ella!» Pasa tiempo con esa persona.

En **(Lucas 10,7)**, Jesús dijo: «**Y posad en aquella misma casa, comiendo y bebiendo lo que os den; porque el obrero es digno de su salario. No os paséis de casa en casa**». Es una imagen de comunidad y amistad. Comed juntos. Hablad juntos. Haz que las conversaciones pasen de informales a personales, y de significativas a espirituales y al Evangelio. Responde a sus preguntas espirituales. Cultiva una relación sólida con esa persona. Gánate su confianza y respeto. Haz que vea tu vida y cuánto amas a Jesús. Cuando lo hagas, empezará a presentarte a personas que conoce y que necesitan a Cristo, y esas personas te escucharán gracias a la influencia de esta persona de paz.

La cosa funciona así: Dios ha determinado ya quién va a ser esta persona. Dios le ha encomendado esa tarea de recibirte y ayudarte. Cuando estés abordando necesidades, mantente alerta para encontrar a la persona que Dios ha elegido para que sea esa persona de paz en tu campo.

Te preguntarás: «¿Y si no encuentro a esa persona?» Jesús dejó claro que si esta persona nunca aparece puede ser indicio de que Dios no está trabajando en ese lugar, y que es mejor pasar a otro campo. Dijo: «...**sacudid el polvo de vuestros pies...**» **(Mateo 10,14)**.

Para los hombres que envió Jesús, significaba que la aldea no estaba lo suficientemente abierta al Evangelio como para acogerlos durante la noche. Lo de sacudirse el polvo era una señal del juicio de Dios sobre esa aldea por rechazar el Evangelio y a los mensajeros de Dios. Si oras, sirves y observas y no recibes respuesta ni receptividad hacia ti o el Evangelio, es momento de pasar a otra cosa.

Recuerda que tienes cuatro campos: donde vives, aprendes, trabajas y te recreas. Si nadie se muestra receptivo ni se identifica a una persona de paz, pasa a otro campo y pídele a Dios que haga aparecer a una persona de paz que abra sus puertas al Evangelio.

TIEMPO PARA REFLEXIONAR

¿Por qué es importante esta «persona de paz»?

_____

_____

¿A quién conoces que sea así?

_____

_____

TIEMPO PARA PRÁCTICA

Repasa el versículo de las Escrituras que debes memorizar esta semana.

«Entrad por la puerta a estrecha, porque ancha es la puerta y espacioso el camino que lleva a la perdición, y muchos son los que entran por ella; porque estrecha es la puerta y angosto el camino que lleva a la vida, y pocos son los que la hallan». **(Mateo 7,13-14)**

Repasa tu frase _«Voy a»_ de esta semana.

Lee **(Hechos 23,1-11)**.
Mientras lees no te olvides, que es importante que uno recuerda a los acrósticos **s.i.e.n.t.a.** y **o.r.a.r.**

Practica compartiendo tu «historia de Cristo» y tus «historias de crisis».

Practica dibujando y explicando el diagrama de tu senda de vida.

Entabla una conversación espiritual con alguien de tu lista de «Cinco principales» esta semana.

Completa la sección 4 de tu tarea «Vivir con una misión: guía de campo».

TIEMPO PARA ORAR

Ora a Dios para que te señale a una «persona de paz» en uno de tus campos.

ANOTACIÓN EN EL DIARIO, DÍA CUATRO

Selecciona. **I**dentifica. **E**studia. **N**utre tu mente. **T**oma la costumbre de orar. **A**nota aquello que Dios te dice.

_____

_____

_____

_____

_____

_____

_____

_____

_____

_____

_____

_____

_____

_____

_____

_____

_____

_____

_____

_____

_____

_____

Ofrece alabanza. **R**egresa. **A**cude. **R**enuncia.

ESPARCIR LA SEMILLA EN TU CAMPO

Lo que siembras es lo que cosechas.

Cuando era joven, uno de mis trabajos de verano fue en una empresa de semillas. Tomábamos semillas diseñadas científicamente y las plantábamos en parcelas de prueba por toda la tierra negra y bajo el sofocante calor del Sur de Texas. Cuando la semilla daba un cultivo, lo probábamos minuciosamente para determinar su rendimiento y estado, registrando abundantes notas en un informe detallado. Cada semilla se diseñaba de manera singular para producir la máxima cantidad de cultivos. Eran unas semillas muy potentes.

Sin embargo, en todo el tiempo que trabaje para esta empresa, nunca vi que una semilla creciera en la bolsa. Para que la semilla diera fruto, había que plantarla. Del mismo modo, tú tienes en tu mano la poderosa semilla del Evangelio.

El apóstol Pablo señaló que el Evangelio es «*es poder de Dios para salvación a todo aquel que cree*» **(Romanos 1,16)**. Es lo suficientemente poderosa como para cambiar la trayectoria eterna de la vida de una persona del infierno al cielo. Pero esta poderosa semilla del Evangelio debe ser sembrada. No puede dar fruto encerrada en tu mente o en tu boca. Debe ser esparcida.

Jesús pronunció una parábola sobre cómo esparcir la semilla del Evangelio en el campo que Dios te ha entregado: «*El sembrador salió a sembrar su semilla; y mientras sembraba, una parte cayó junto al camino, y fue hollada, y las aves del cielo la comieron. Otra parte cayó sobre la piedra; y nacida, se secó, porque no tenía humedad. Otra parte cayó entre espinos, y los espinos que nacieron juntamente con ella, la ahogaron. Y otra parte cayó en buena tierra, y nació y llevó fruto a ciento por uno. Hablando estas cosas, decía a gran voz: El que tiene oídos para oír, oiga*» **(Lucas 8,5-8)**.

Jesús habló de un sembrador que salía a sembrar. Cuando caminaba por su campo soltando las semillas de su mano, estas caían en distintos tipos de suelo. Esta parábola fue elaborada para mostrarnos cómo compartir el Evangelio con las personas de nuestro campo.

Posteriormente, Jesús explicó la parábola: «*Esta es, pues, la parábola: La semilla es la palabra de Dios. Y los de junto al camino son los que oyen, y luego viene el diablo y quita de su corazón la palabra, para que no crean y se salven. Los de sobre la piedra son los que habiendo oído, reciben la palabra con gozo; pero éstos no tienen raíces; creen por algún tiempo, y en el tiempo de la prueba se apartan. La que cayó entre espinos, éstos son los que oyen, pero yéndose, son ahogados por los afanes y las riquezas y los placeres de la vida, y no llevan fruto. Mas la que cayó en buena tierra, éstos son los que con corazón bueno y recto retienen la palabra oída, y dan fruto con perseverancia»* **(Lucas 8,11-15).**

La semilla es el Evangelio. Es el poder de Dios lo que da la salvación. El sembrador eres tú. Cuando hables a la gente de Cristo, estarás sembrando la semilla del Evangelio.

Los distintos suelos representan a los corazones de las personas que te rodean y que escucharán el Evangelio. Jesús decía que hay cuatro tipos de personas que escuchan y responden al Evangelio.

La primera es la persona de corazón endurecido. Es una persona llena de ira hacia Dios o que se muestra encallada e indiferente a las cuestiones espirituales. Al igual que la semilla choca contra la tierra dura y no puede penetrar, esta persona escucha el Evangelio pero no le conmueve. Simplemente rebota en el corazón de esta persona. En poco tiempo llegará Satanás para eliminar todo recuerdo del Evangelio en su corazón.

La segunda es la persona superficial. Esta persona escucha y recibe el Evangelio con gran gozo. Te ilusionarás pensando: «¡Esta persona ha recibido de verdad a Cristo!» Sin embargo, cuando se presente alguna dificultad, esta persona empezará a decaer porque en realidad nunca ha echado raíces espirituales.

La tercera es la persona distraída. Es una persona que ama a Jesús y responde al Evangelio, pero como está muy distraída con las preocupaciones, riquezas y placeres de este mundo, no llega a producir nada a nivel espiritual.

La cuarta es la persona receptiva. Esta persona escucha el Evangelio, se arrepiente de sus pecados y acude a Jesús en la fe y nunca mira hacia atrás. Sigue creciendo y obedeciendo la Palabra de Dios. En poco tiempo, será una persona totalmente distinta y ayudará a los demás a conocer a Cristo compartiendo todo lo que Dios ha hecho en su vida.

Te preguntarás: «¿Por qué contó Jesús esta historia?» Quería que estuviéramos preparados para las distintas respuestas que nos encontraremos a la hora de compartir el Evangelio. Pero recuerda que no corresponde al sembrador juzgar la tierra. Su trabajo es esparcir la semilla.

Cuando identifiques tu campo y empieces a orar con los creyentes por los perdidos, cuando empieces a servir a los demás y a cultivar relaciones, y cuando Dios te presente a una persona de paz que te abra puertas y oportunidades, deberás esparcir la semilla. Deberás abrir la boca y hablar de Jesús.

¿Y cómo se hace? Hay dos maneras de esparcir la semilla del Evangelio: una es públicamente a través de grandes grupos. Puedes organizar un evento donde reunir a personas para escuchar el Evangelio. Jesús anunció el Evangelio de esta manera. A menudo, reunía a grandes multitudes para hablarles del reino de Dios. Jesus enseñaba una gran multitud cuando proclamo la parábola del sembrador. **(Lucas 8,4)** dice: «*Juntándose una gran multitud, y los que de cada ciudad venían a él, les dijo por parábola*». El evangelismo en masa puede ser muy efectivo cuando se hace correctamente. Grandes eventos patrocinados por hombres como Billy Graham y Greg Laurie han llevado con éxito a cientos de miles de personas a Cristo.

Otra manera de esparcir la semilla es a través de una conversación personal cara a cara. Para eso envió Jesús a Sus hombres. Los envió de aldea en aldea para compartir en persona cómo había transformado Jesús sus vidas.

A la hora de cultivar relaciones con personas en tu campo, te recomiendo que añadas los nombres de las personas que estén abiertas y receptivas a tu lista de «*Cinco principales*». De este modo, podrás empezar a orar por ellos específicamente. Cuando lo hayas hecho, busca oportunidades para orientar la conversación hacia el Evangelio. Narra tu «*historia de crisis*» sobre cómo abordó Jesús tus necesidades. Narra tu «*historia de Cristo*» sobre cómo llegaste a la fe en Jesús. A continuación, comparte el Evangelio empleando el diagrama de la senda de vida. Cuenta con osadía lo que Jesús ha hecho por ti. Esparce la semilla y confía a Dios los resultados.

TIEMPO PARA REFLEXIONAR

¿De qué cuatro maneras responde la gente al Evangelio? ¿Cuál es la que más te sueles encontrar?

_____

_____

_____

_____

_____

_____

_____

_____

_____

_____

_____

¿Cuáles son las dos maneras de «esparcir la semilla» del Evangelio en tu campo?

_____

_____

_____

_____

_____

TIEMPO PARA PRÁCTICA

Repasa el versículo de las Escrituras que debes memorizar esta semana.

«Entrad por la puerta a estrecha, porque ancha es la puerta y espacioso el camino que lleva a la perdición, y muchos son los que entran por ella; porque estrecha es la puerta y angosto el camino que lleva a la vida, y pocos son los que la hallan». **(Mateo 7,13-14)**

Repasa tu frase *«Voy a»* de esta semana.

Lee **(Hechos 23,12-35)**.
Mientras lees no te olvides, que es importante que uno recuerda a los acrósticos **s.i.e.n.t.a.** y **o.r.a.r.**

Practica compartiendo tu *«historia de Cristo»* y tus *«historias de crisis»*.

Practica dibujando y explicando el diagrama de tu senda de vida.

Entabla una conversación espiritual con alguien de tu lista de *«Cinco principales»* esta semana.

Completa la sección 5 de tu tarea *«Vivir con una misión: guía de campo»*.

TIEMPO PARA ORAR

Ora para entregar tu vida por completo a Dios y para que Su trabajo llegue a las personas que te rodean.

ANOTACIÓN EN EL DIARIO, DÍA CINCO

Selecciona. **I**dentifica. **E**studia. **N**utre tu mente. **T**oma la costumbre de orar. **A**nota aquello que Dios te dice.

_____

_____

_____

_____

_____

_____

_____

_____

_____

_____

_____

_____

_____

_____

_____

_____

_____

_____

_____

_____

_____

_____

_____

Ofrece alabanza. **R**egresa. **A**cude. **R**enuncia.

TU IGLESIA Y TU CAMPO

La iglesia es la gente de Dios en una misión.

El jueves 5 de agosto de 2010 comenzó como cualquier otro día. Treinta y tres mineros se prepararon la comida, se despidieron de sus familias y entraron en las profundas hendiduras de la mina San José, situada en el norte de Chile y con 121 años de antigüedad. En un abrir y cerrar de ojos, la mina se derrumbó dejando atrapados a los mineros a unos 720 metros de profundidad.

En un principio, se pensó que los mineros habían muerto, pero luego se confirmó que seguían con vida. Desesperados sin ninguna vía de escape ni manera de sobrevivir, estos hombres se dedicaron a orar mientras el mundo entero veía como el gobierno chileno reunía a un equipo de expertos ingenieros, contratistas y personal de rescate para llevar a cabo el rescate más extraordinario de nuestra época. Los mineros enterrados sobrevivieron durante sesenta y nueve días con poco oxígeno y pequeñas raciones de comida y agua. Se cavó otro agujero en la roca junto a la mina, y una pequeña cápsula de rescate con forma de torpedo llamada Phoenix iba transportando lentamente a cada minero de las profundidades hasta la superficie. Cada vez que subía uno de los hombres, la multitud aplaudía y lo celebraba con confeti, globos y champán.

El equipo de rescate llamó a su emplazamiento improvisado «*Campamento Esperanza*», pues trabajaron sin descanso durante toda la increíble operación. El presidente Sebastián Piñera recibió a cada minero a medida que iban llegando a la superficie. Abrazó a Víctor Segovia, el decimoquinto minero en subir, y le dijo «*¡Bienvenido a la vida!*»

El mundo entero fue testigo asombrado del coraje y la determinación de estos rescatadores que no cesaron en su esfuerzo hasta que todos los mineros volvieron a casa sanos y salvos. Al igual que los rescatadores trabajaron en equipo para llevar a cabo la misión imposible de salvar vidas que pendían de un hilo, la iglesia de Jesucristo también se encuentra en una misión de búsqueda y rescate.

Jesús descendió a la tierra por un motivo: pagar la pena del pecado y dar a hombres y mujeres la vida eterna. Al igual que la cápsula Phoenix, Jesús emergió de las profundidades y creó un camino para que pudiéramos reunirnos con el Padre y volver a la vida. Jesús dijo a Sus seguidores: «**Como me envió el Padre, así también yo os envío**» **(Juan 20,21)**. Nuestra llamada, nuestra misión, es la de acceder al mundo de aquellos que están alejados de Dios y llevarles la esperanza del Evangelio. Cada iglesia es un «*Campamento Esperanza*».

Cuando identifiques el campo donde Dios te ha colocado, debes empezar a orar, servir y cultivar relaciones, así como compartir lo que Cristo ha hecho por ti. ¡Debes saber que no estás solo en esto! Ningún experto podría haber llevado a cabo el rescate de Chile solo. Se necesitó a un ejército de hombres y mujeres semejantes con un objetivo principal.

Del mismo modo, la iglesia es un ejército de hombres y mujeres dotados con múltiples dones, talentos y capacidades, pero centrados en una misión: ¡alcanzar al mundo! Fue a la iglesia a quien Jesús dio el gran mandato de hacer discípulos de todas las naciones **(Mateo 28,19-20)**. Es responsabilidad de la iglesia organizar los recursos e iniciativas necesarios para llevar el Evangelio a los campos de personas que buscan esperanza.

¿Cómo puedes cooperar con tu iglesia para alcanzar a tu campo? Aquí tienes varios ejemplos prácticos:

En primer lugar, invita a tus amigos a la iglesia.
Nuestra iglesia se reúne cada semana para alabar a Jesús, ser alientado con la Palabra de Dios y orar. Asimismo, cada semana el Evangelio se anuncia de un modo claro y comprensible para que la gente pueda responder. Invitar a amigos a ir a la iglesia contigo es una forma excelente de exponerlos al Evangelio y a la nueva comunidad de fe.

Recuerdo que una vez invité a un amigo que estaba en mi lista de «*Cinco principales*» a la iglesia. Durante el culto, el grupo de alabanza realizó una representación dramática de lo que significaba para Jesús purificarnos. Se interpretó una canción sobre cómo Jesús nos perdona y purifica, y al mismo tiempo una mujer subió al escenario portando lo que parecía una vasija de arcilla. Lentamente, empezó a limpiar el barro que cubría la vasija y, una vez limpia, se descubrió que en realidad era un precioso jarrón de cristal. Fue una poderosa representación visual de lo que Dios hace por nosotros en nuestro interior. Mi amigo me dijo después: «*cuando veía a la mujer lavando la vasija, me di cuenta de lo sucio que me sentía por dentro y de cuánto necesito la purificación y el perdón*».

Invitar a un amigo a la iglesia puede ser una manera estupenda de afianzar el Evangelio en él y exponerlo a otras personas que han sido transformadas por Jesús. El apóstol Pablo dijo que cuando invitas a alguien alejado de Dios a ir a la Iglesia y escucha el Evangelio y observa esas vidas transformadas que adoran a Jesús, él también **«adorará a Dios, declarando que verdaderamente Dios está entre vosotros» (1 Corintios 14,25)**. A menudo, la iglesia organiza jornadas especiales diseñadas para los exploradores espirituales. Estas oportunidades te permiten cooperar con tu iglesia para alcanzar a las personas de tu campo.

En segundo lugar, coopera con tu iglesia para ayudar a responder preguntas espirituales.
A menudo, las personas a las que alcanzes tienen preguntas espirituales que escapan a nuestra capacidad de respuesta. Ninguno de nosotros tiene todas las respuestas, y por eso debemos trabajar en equipo. Al cooperar con tu iglesia, puedes ayudar a buscar respuesta a las preguntas espirituales de tus amigos y seguir avanzando en su camino hacia Jesús. Para ello, puedes aprovechar la formación que pueda impartir la iglesia.

Muchas iglesias ofrecen formación en evangelismo para responder a preguntas difíciles. Si no es el caso, puedes visitar a los pastores de tu iglesia para ver qué recursos te recomiendan.

En tercer lugar, forma parte de un grupo.

La mayoría de las iglesias ofrecen grupos que se reúnen, ya sea en sus instalaciones o fuera de ellas, con el fin de estudiar la Biblia y alentarse mutuamente. Estos grupos deben esforzarse fervientemente por las personas perdidas en sus campos. Unirte a un grupo te dará la oportunidad de buscar el valor y el apoyo que necesitas para seguir trabajando en tu campo.

Las personas de este grupo pueden orar por ti, ayudarte a solucionar problemas e incluso remangarse para trabajar contigo a la hora de alcanzar a otras personas. He visto grupos como este organizando pequeños eventos de divulgación que suponen una estupenda oportunidad para invitar a tus amigos exploradores espirituales. Grupos como este se reúnen para dar paseos de oración juntos, trabajar en cursos de formación divulgativa juntos, alimentar al pobre juntos, e incluso realizar viajes misioneros juntos. No hay nada más estimulante que un grupo de personas que trabajan juntas con un propósito común.

En cuarto lugar, puedes participar en misiones locales y globales.

Si quieres pasar de tu campo a alcanzar campos más extensos de tu comunidad o de tu mundo, la iglesia te ofrece también muchas maneras de hacerlo. La mayoría de las iglesias ofrecen oportunidades para ocuparte de los necesitados en tu propia comunidad. Servir en complejos de apartamentos, organizar campamentos para niños, cuidar de las personas sin hogar, visitar residencias de ancianos, dar comida y ropa a los pobres, aconsejar a embarazadas adolescentes... tienes una enorme cantidad de oportunidades para compartir el Evangelio y ofrecer esperanza en los lugares sombríos que tienes a tu alrededor.

Muchas iglesias ofrecen también recursos para viajar al extranjero y hacer discípulos de todas las naciones. Por ejemplo, puedes ayudar a compartir el Evangelio en los barrios marginales de Perú o en las universidades de Portugal. Puedes hablar sobre Jesús a los niños de Zambia o ayudar a fundar iglesias en Rumanía. Si trabajas con devoción en tu propio campo, es posible que Dios te llame para trabajar en otros campos más extensos por todo el mundo. Ninguna persona puede llegar a todo el mundo. Es necesario que trabajemos juntos y dependamos del Espíritu para alcanzar al mundo que nos rodea.

TIEMPO PARA REFLEXIONAR

¿Qué oportunidades ofrece tu iglesia para compartir el Evangelio?

_____

_____

_____

¿Cómo has cooperado con tu iglesia para llevar a las personas a Cristo?

_____

_____

_____

_____

_____

TIEMPO PARA PRÁCTICA

Repasa el versículo de las Escrituras que debes memorizar esta semana.

«Entrad por la puerta a estrecha, porque ancha es la puerta y espacioso el camino que lleva a la perdición, y muchos son los que entran por ella; porque estrecha es la puerta y angosto el camino que lleva a la vida, y pocos son los que la hallan». **(Mateo 7,13-14)**

Repasa tu frase *«Voy a»* de esta semana.

Lee **(Hechos 24,1-27)**.
Mientras lees no te olvides, que es importante que uno recuerda a los acrósticos **s.i.e.n.t.a.** y **o.r.a.r.**

Practica compartiendo tu *«historia de Cristo»* y tus *«historias de crisis»*.

Practica dibujando y explicando el diagrama de tu senda de vida.

Entabla una conversación espiritual con alguien de tu lista de *«Cinco principales»* esta semana.

Completa la sección 6 de tu tarea *«Vivir con una misión: guía de campo»*.

TIEMPO PARA ORAR

Ora hoy por las personas de tu lista de *«Cinco principales»*. Pídele a Dios que los atraiga hacia Él.

ANOTACIÓN EN EL DIARIO, DÍA SEIS

Selecciona. **I**dentifica. **E**studia. **N**utre tu mente. **T**oma la costumbre de orar. **A**nota aquello que Dios te dice.

_____

_____

_____

_____

_____

_____

_____

_____

_____

_____

_____

_____

_____

_____

_____

_____

_____

_____

_____

_____

_____

_____

Ofrece alabanza. **R**egresa. **A**cude. **R**enuncia.

TU DÍA PARA ORAR

Hoy no tienes ninguna lectura adicional. Dedica tiempo a la Palabra de Dios, escucha Su voz y ora fervientemente por tus amigos perdidos.

TIEMPO PARA REFLEXIONAR

¿Qué primeros pasos deberías dar para trabajar en el campo que Dios te ha otorgado?

_____

_____

_____

_____

_____

_____

_____

¿Qué obstáculos crees que te encontrarás?

_____

_____

_____

_____

_____

_____

_____

_____

_____

¿A quién necesitas implicar en esta gran obra?

_____

_____

_____

_____

_____

_____

_____

_____

_____

_____

TIEMPO PARA PRÁCTICA

Repasa el versículo de las Escrituras que debes memorizar esta semana.

«Entrad por la puerta a estrecha, porque ancha es la puerta y espacioso el camino que lleva a la perdición, y muchos son los que entran por ella; porque estrecha es la puerta y angosto el camino que lleva a la vida, y pocos son los que la hallan». **(Mateo 7,13-14)**

Repasa tu frase «*Voy a*» de esta semana.

Lee **(Hechos 25,1-12)**.
Mientras lees no te olvides, que es importante que uno recuerda a los acrósticos **s.i.e.n.t.a.** y **o.r.a.r.**

Practica compartiendo tu «*historia de Cristo*» y tus «*historias de crisis*».

Practica dibujando y explicando el diagrama de tu senda de vida.

Entabla una conversación espiritual con alguien de tu lista de «*Cinco principales*» esta semana.

Repasa tu tarea «*Vivir con una misión: guía de campo*». ¿Cómo puedes comenzar?

PARA EL TRABAJO EN GRUPO

Mi frase **«Voy a»**:

En la línea de lo que acabo de estudiar, esta semana voy a poner en práctica lo siguiente:

_____

_____

_____

_____

_____

_____

_____

_____

_____

_____

_____

_____

_____

_____

_____

_____

_____

_____

_____

_____

_____

_____

ANOTACIÓN EN EL DIARIO, DÍA SIETE

Selecciona. **I**dentifica. **E**studia. **N**utre tu mente. **T**oma la costumbre de orar. **A**nota aquello que Dios te dice.

_____

_____

_____

_____

_____

_____

_____

_____

_____

_____

_____

_____

_____

_____

_____

_____

_____

_____

_____

_____

_____

_____

_____

_____

Ofrece alabanza. **R**egresa. **A**cude. **R**enuncia.

ANOTACIÓN EN EL DIARIO

Selecciona. **I**dentifica. **E**studia. **N**utre tu mente. **T**oma la costumbre de orar. **A**nota aquello que Dios te dice.

_____

_____

_____

_____

_____

_____

_____

_____

_____

_____

_____

_____

_____

_____

_____

_____

_____

_____

_____

_____

_____

_____

_____

Ofrece alabanza. **R**egresa. **A**cude. **R**enuncia.

ROMPER
BARRERAS

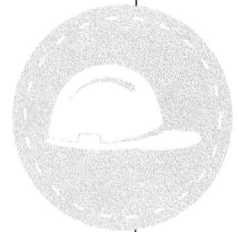

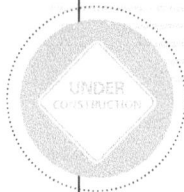

▶ **VERSÍCULO PARA MEMORIZAR**

«diciendo: El tiempo se ha cumplido, y el reino de Dios se ha acercado; arrepentíos, y creed en el evangelio».

(MARCOS 1,15)

¿QUÉ TE RETIENE?

Debes romper las barreras para vivir tu vida con una misión.

Todos tenemos cosas que queremos hacer, pero luego nunca hacemos. Queremos perder peso y ponernos en forma, pero luego no hacemos el ejercicio. Queremos ser independientes económicamente, pero luego compramos cosas que no necesitamos. Queremos disfrutar de un matrimonio maravilloso, pero luego nos cuesta sacar tiempo para nuestra pareja.

Parece que haya una enorme distancia entre lo que queremos hacer y lo que acabamos haciendo. En medio de ambas cosas solo hay excusas. Según mi experiencia, cuando uno quiere vivir con una misión pasa lo mismo. Conozco a muy pocos seguidores de Cristo que digan: «*No quiero que Dios me utilice para alcanzar a un amigo perdido o a un familiar*». La mayoría estará de acuerdo en que compartir el Evangelio es algo bueno, y que incluso tenemos la responsabilidad de hablar a los demás sobre Jesús. Incluso pueden decir: «*Me gustaría compartir más mi fe*», pero en realidad muy pocos lo hacen.

La distancia entre querer vivir con una misión y vivir realmente con una misión es muy amplia. ¿Por qué ocurre eso? Voy a hablar de mi caso personal. Admito que nunca he sido un evangelista osado ni audaz.

En mi adolescencia, compartía el Evangelio con mis amigos perdidos, pero nunca llevé a todo mi equipo de fútbol hasta Cristo. Cuando era un joven casado que trabajaba en la iglesia, no estaba demasiado comprometido con las personas perdidas. La mayor parte del tiempo la pasaba con gente de la iglesia y gestionando problemas de la iglesia. Cuando me hice pastor principal, dirigí programas estructurados de alcance «*puerta a puerta*», pero nunca me sentí demasiado cómodo.

Sinceramente, cuando más cómodo me he sentido compartiendo la fe en Jesús ha sido al hablar con mis vecinos perdidos. Aunque he hecho llegar a Cristo a muchos de ellos, diría que en general he sido un evangelista reticente. Y lo digo con pesar. Querría haber hecho más. Me encantaba la emoción de entablar conversaciones espirituales, y cada vez que compartía el Evangelio, sentía el placer de Dios.

Entonces, ¿por qué no lo hice con más frecuencia? Sinceramente, siempre ponía excusas. Decía: «*Señor, en realidad yo no tengo la formación necesaria*», o «*Señor, no sé cómo pasar de fase en una conversación*», o «*Señor, estoy muy ocupado con mi familia*». El camino entre lo quería hacer y lo que hacía realmente estaba plagado de excusas. Si a mí me ha pasado eso, estoy seguro de que a ti también te pasa.

Un día, Jesús contó la historia de un rey que organizó un banquete e invitó a todos sus amigos, pero ninguno se presentó. **(Lucas 14,18)** dice: «*Y todos a una comenzaron a excusarse. El primero dijo: He comprado una hacienda, y necesito ir a verla; te ruego que me excuses*». Uno dijo: «*He comprado una hacienda y necesito ir a verla*». Otro dijo: «*Acabo de casarme y, por tanto, no puedo ir*». Otro dijo: «*He comprado cinco yuntas de bueyes y voy a probarlos*».

Aquello que es importantes en la vida, pocas veces resulta fácil hacerlo. Las excusas te impedirán hacer aquello que realmente importa. Siempre se te ocurrirá una excusa para explicar por qué estás endeudado, con sobrepeso, sufriendo con tu matrimonio o sin compartir tu fe, pero las excusas nunca solucionan el problema. Únicamente enmascaran el problema. Si quieres empezar a vivir la vida que deseas, tienes que librarte de las excusas.

Con el paso de los años, he conseguido librarme de las excusas que me retenían a la hora de compartir mi fe y, en consecuencia, ahora siento más gozo e ilusión que nunca cuando hablo sobre Jesús. Esto es lo que quiero para ti. Quiero que pases de «*querer*» a «*vivir*», y que en el proceso conozcas el placer de Dios de un modo totalmente nuevo.

La mayoría suele poner cuatro excusas básicas: miedo, siempre ocupado, indiferencia y desobediencia. Este cuarteto nos mantiene bloqueados en la indecisión y la inactividad. Esta semana vamos a abordar estas excusas de frente y le pediremos a Dios que nos libere para empezar a vivir con una misión. ¡Empecemos!

TIEMPO PARA REFLEXIONAR

¿Qué cosas quieres hacer pero luego casi nunca haces?

_____

_____

_____

_____

_____

_____

_____

_____

¿Qué excusas te impiden hablar sobre Jesús a la gente?

_____

_____

_____

_____

_____

_____

_____

_____

_____

TIEMPO PARA PRÁCTICA

Empieza memorizando el versículo de la Escritura de la semana.

«diciendo: El tiempo se ha cumplido, y el reino de Dios se ha acercado;
arrepentíos, y creed en el evangelio». **(Marcos 1,15)**

Repasa tu frase «*Voy a*» de esta semana.

Lee **(Hechos 25,13-27)**.
Mientras lees no te olvides, que es importante que uno recuerda a los acrósticos **s.i.e.n.t.a.** y **o.r.a.r.**

Practica compartiendo tu «*historia de Cristo*» y tus «*historias de crisis*».

Practica dibujando y explicando el diagrama de tu senda de vida.

Empleando tu tarea «*Vivir con una misión: guía de campo*», traza un plan para trabajar en tu campo esta semana.

TIEMPO PARA ORAR

Ora para tener la fuerza necesaria para romper aquellas barreras
que te impidan compartir tu fe.

ANOTACIÓN EN EL DIARIO, DÍA UNO

Selecciona. **I**dentifica. **E**studia. **N**utre tu mente. **T**oma la costumbre de orar. **A**nota aquello que Dios te dice.

_____

_____

_____

_____

_____

_____

_____

_____

_____

_____

_____

_____

_____

_____

_____

_____

_____

_____

_____

_____

_____

_____

Ofrece alabanza. **R**egresa. **A**cude. **R**enuncia.

MIEDO

El miedo te puede retener, pero el Espíritu puede hacerte osado .

Probablemente, el miedo sea la principal excusa que ponemos para no hablar de Jesús. Tenemos miedo de hablar con personas a las que no conocemos. Tenemos miedo de su respuesta. Tenemos miedo de parecer necios o de decir algo indebido. Tenemos miedo de entablar una conversación en que encontramos sin una respuesta bíblica. El miedo paraliza.

Aunque la mayoría de expertos señala que cuando nos enfrentamos una amenaza tenemos el instinto de confrontar o huir, la realidad es que también tenemos otro instinto: de hacer nada. Un fascinante estudio explica por qué la gente no hace nada y no responde incluso en una situación de vida o muerte. El miedo nos deja impotentes para movernos o incluso reaccionar como es debido.

La mayoría de las veces, tememos compartir nuestra fe porque pensamos que nos van a obligar a ir de puerta en puerta, o que vamos a ir predicando por las esquinas. Puede que un estilo agresivo de evangelismo no se ajuste a tu personalidad o capacidades. No pasa nada. Pero tampoco podemos dejar que el miedo nos impida compartir lo que Jesús ha hecho por nosotros. ¿Cómo podemos superar ese miedo? Te responderé con una historia.

En Hechos 3-4, Pedro y Juan se dirigían al templo de Jerusalén para la alabanza cuando se encontraron con un hombre que no podía caminar. Sintiendo el impulso y el poder del Espíritu Santo, Pedro tendió su mano a este hombre y lo sanó milagrosamente. Aunque todo el mundo vio este milagro como un acto sobrenatural de Dios, los líderes religiosos no mostraron tanto entusiasmo. Pedro y Juan fueron convocados rápidamente ante el consejo de líderes religiosos e interrogados por los mismos hombres que habían conspirado para matar a Jesús. Cabría pensar que en esta situación tan amedrentadora Pedro y Juan se acobardarían, pero no fue así.

> *«Entonces Pedro, lleno del Espíritu Santo, les dijo: Gobernantes del pueblo,*
> *y ancianos de Israel: Puesto que hoy se nos interroga acerca del beneficio*
> *hecho a un hombre enfermo, de qué manera éste haya sido sanado, sea*
> *notorio a todos vosotros, y a todo el pueblo de Israel, que en el nombre*
> *de Jesucristo de Nazaret, a quien vosotros crucificasteis y a quien Dios*

resucitó de los muertos, por él este hombre está en vuestra presencia sano. Este Jesús es la piedra reprobada por vosotros los edificadores, la cual ha venido a ser cabeza del ángulo. Y en ningún otro hay salvación; porque no hay otro nombre bajo el cielo, dado a los hombres, en que podamos ser salvos. Entonces viendo el denuedo de Pedro y de Juan, y sabiendo que eran hombres sin letras y del vulgo, se maravillaban; y les reconocían que habían estado con Jesús» **(Hechos 4,8-13).**

Lejos de sentir miedo o callarse, Pedro y Juan fueron osados. Pronunciaron con osadía el nombre de Jesús. Declararon que Jesús murió y se levantó de los muertos. Incluso proclamaron radicalmente que Jesús es el único camino hacia la salvación. ¡Y su tono osado fue más que perceptible! Si observamos de nuevo **el versículo 13**: **«*Entonces viendo el denuedo de Pedro y de Juan, y sabiendo que eran hombres sin letras y del vulgo, se maravillaban; y les reconocían que habían estado con Jesús*».** Pedro y Juan eran hombres comunes y ordinarios que comparecían ante los hombres más eruditos y religiosos de la época. Sin duda, no tenían la misma formación y conocimiento que los líderes religiosos y los fariseos, pero tenían la osadía. Se mostraron valientes y sin temor. Eso es lo que Dios espera de ti y de mí: osadía para enfrentarnos a cualquier situación y declarar la esperanza que tenemos en Jesús.

Finalmente, Pedro y Juan fueron amonestados y liberados. Volvieron rápidamente con los demás discípulos y todos empezaron a orar. **«*Y ahora, Señor, mira sus amenazas, y concede a tus siervos que con todo denuedo hablen tu palabra*» (Hechos 4,29).** Observa que en su oración no decían **«*Señor, protégenos de estos líderes*»** ni **«*Señor, ayúdanos a tener la sabiduría para reaccionar a estas amenazas*».** Oraban para tener la osadía para hablar sin vergüenza ni miedo.

¿Cuál era el secreto de su osadía? ¿Qué les movió a dar un paso adelante en lugar de echarse atrás acobardados? El secreto está en **el versículo 8**: **«*Entonces Pedro, lleno del a Espíritu Santo, les dijo…*»** ¿Lo ves? Fue el Espíritu Santo quien le dio osadía para decir lo que había que decir.

De hecho, a lo largo de este capítulo se menciona la «*osadía*» y al «*Espíritu Santo*» en diversas ocasiones. Una vez que los discípulos habían orado para pedir osadía, mira lo que ocurrió… **«*Cuando hubieron orado, el lugar en que estaban congregados tembló; y todos fueron llenos del Espíritu Santo, y hablaban con denuedo la palabra de Dios*» (Hechos 4,31).**

Cuando estás lleno y controlado por el Espíritu Santo, puedes hablar con osadía por Jesús. Él te dará fuerza. Él te dictará las palabras. Jesús prometió a Sus discípulos: **«*Cuando os trajeren a las sinagogas, y ante los magistrados y las autoridades, no os preocupéis por cómo o qué habréis de responder, o qué habréis de decir; porque el Espíritu Santo os enseñará en la misma hora lo que debáis decir*»** *(Lucas 12,11-12).*

Y eso fue exactamente lo que ocurrió. Pedro y Juan comparecieron ante los gobernadores de Israel, y el

Espíritu Santo les dio las palabras y la osadía que necesitaban. Lo mismo ocurrirá contigo. Si fiel a la hora de redactar tu lista de «*Cinco principales*», buscas oportunidades para orientar las conversaciones hacia Dios, oras por tus amigos perdidos y hablas sinceramente sobre lo que Jesus ha hecho por ti, el Espíritu Santo te dará la osadía y las palabras que necesitas en el momento oportuno. ¡No vuelvas a dejar que el miedo te paralice! ¡Pide a Dios que te llene con Su Espíritu y con una gran osadía!

TIEMPO PARA REFLEXIONAR

¿Cómo te impide el miedo que hables de Jesús?

_____
_____
_____
_____
_____
_____
_____
_____

¿Qué puedes hacer para superar tus miedos?

_____
_____
_____
_____
_____
_____
_____
_____
_____
_____
_____

TIEMPO PARA PRÁCTICA

Repasa el versículo de las Escrituras que debes memorizar esta semana.

«diciendo: El tiempo se ha cumplido, y el reino de Dios se ha acercado; arrepentíos, y creed en el evangelio». **(Marcos 1,15)**

Repasa tu frase *«Voy a»* de esta semana.

Lee **(Hechos 26,1-18)**.

Mientras lees no te olvides, que es importante que uno recuerda a los acrósticos **s.i.e.n.t.a.** y **o.r.a.r.**

Practica compartiendo tu *«historia de Cristo»* y tus *«historias de crisis»*.

Practica dibujando y explicando el diagrama de tu senda de vida.

Empleando tu tarea *«Vivir con una misión: guía de campo»*, traza un plan para trabajar en tu campo esta semana.

TIEMPO PARA ORAR

Pide a Dios que te dé osadía para compartir Su amor con todos los que te rodean.

ANOTACIÓN EN EL DIARIO, DÍA DOS

Selecciona. **I**dentifica. **E**studia. **N**utre tu mente. **T**oma la costumbre de orar. **A**nota aquello que Dios te dice.

_____

_____

_____

_____

_____

_____

_____

_____

_____

_____

_____

_____

_____

_____

_____

_____

_____

_____

_____

_____

_____

_____

_____

Ofrece alabanza. **R**egresa. **A**cude. **R**enuncia.

ESTAR SIEMPRE OCUPADO

Estar siempre ocupado puede sofocar tu eficacia.

Fue la única vez que golpeé a mi suegra. Ella estaba muy ocupada preparando una comida muy especial, y se notaba que estaba un poco nerviosa. Su hijo iba a llevar a casa por primera vez a la chica con la que iba a casarse. Sonó el timbre y hubo presentaciones y abrazos. Todos se sentaron alrededor de la mesa, perfectamente decorada, para el almuerzo.

Entonces ocurrió: observé que mi suegra mordió un trozo de pan y sus ojos se agrandaron. Me di cuenta de que algo pasaba. Ella sonreía por fuera, pero su mirada era de desesperación, Me acerqué a ella y le pregunté: «¿Puedes respirar?» Solo pudo negar con la cabeza, de manera que la agarré y le di un golpe fuerte entre los omóplatos, desencajando el trozo de pan para restablecer el flujo respiratorio. Desde entonces, le recuerdo de vez en cuando que yo le salvé la vida. (No está nada mal que tu suegra te deba un gran favor.)

Asfixiarse es algo que da mucho miedo. Cuando no puedes respirar, todo se detiene. Nada importa, solo quieres el aire.

Me parece interesante que Jesús utilice la analogía de la asfixia para describir cómo nuestros quehaceres controlan nuestra vida. En Su parábola del sembrador, Jesús dijo que el agricultor arrojó algunas semillas entre espinos y malas hierbas. Estas malas hierbas crecieron y asfixiaron las plantas jóvenes, por lo que no dieron fruto. Jesús lo explicó posteriormente: «*El que fue sembrado entre espinos, éste es el que oye la palabra, pero el afán de este siglo y el engaño de las riquezas ahogan la palabra, y se hace infructuosa*», **(Mateo 13,22)**.

Jesús decía que cuando las preocupaciones, inquietudes, plazos y placeres nos consuman, ahogan todo deseo o capacidad para dar fruto espiritual. Simplemente perdemos el tiempo y el deseo para servir a Dios compartiendo el Evangelio con los demás. Todas las cosas buenas que Dios quiere hacer en ti y a través de ti, quedan ahogadas.

Esto ocurre especialmente en los Estados Unidos de América. Vivimos en una cultura donde todos estamos ocupados. Hay tantas cosas que demandan nuestro tiempo, tantas personas y problemas requiriendo nuestra atención, que muchas veces pasamos por alto lo más importante. He perdido la cuenta de los empresarios que me han dicho: «*Quiero crecer espiritualmente y compartir mi fe, pero el trabajo me tiene muy ocupado*». «Mis hijos tienen muchas cosas que hacer». «*Estamos demasiado ocupados como para dedicar tiempo a hablar de Jesús*».

Es muy triste decir que estás demasiado ocupado para hablar de Jesús a otras personas. Esa pasión por alcanzar a otras personas, que es el motivo por el que Dios te puso en este mundo, se está ahogando por la opresión de una agenda sobrecargada. ¿Qué podemos hacer para eliminar esta excusa?

En primer lugar, hay que definir prioridades. Vamos a conocer el principio de las piedras grandes. Pongamos que quieres llenar un gran jarrón con piedras. Son piedras de diversos tamaños; unas grandes, otras medianas y un montón de gravilla. Si echas primero la gravilla y las piedras pequeñas, no dejarás espacio para las piedras grandes. No obstante, si colocas estratégicamente las piedras grandes primero, seguidas de las medianas, y luego rellenas los huecos con la gravilla, podrás meterlas todas. Lo mismo se puede hacer con tu agenda. Las piedras grandes representan las cosas que son más importantes. Debes poner primero las piedras grandes en tu calendario. Dedicar tiempo a la Palabra de Dios, ir a la alabanza, trabajar en tus relaciones familiares, sacar tiempo para esas personas que conoces y viven alejadas de Dios: estas deben ser tus máximas prioridades. Luego podrás rellenar los espacios restantes con otras actividades.

No olvides que, dentro de cien años, a nadie le importará esa reunión de mujeres o aquel torneo de fútbol, pero la gente sí recordará aquella vez que les hablaste de Jesús. ¡El Evangelio será lo único que importe en un futuro!

En segundo lugar, aprovecha el tiempo que ya dedicas a cuestiones de fe. Seguro que comes todos los días. De hecho, la mayoría de la gente desayuna, come y cena. Entonces, ¿por qué no dedicas esas horas a forjar relaciones con las personas de tu lista de «*Cinco principales*»? Si te lo propones, puedes planificarte y reservar citas especiales para tomar café o a comer y sacar tiempo para tener conversaciones espirituales. O, por ejemplo, si vas a acudir a un partido, invita a tu amigo perdido a que vaya contigo.

Busca maneras de incluir a exploradores espirituales en el ritmo habitual de tu vida diaria. No dejes que tus quehaceres bloqueen tu influencia espiritual. Pide a Dios que te ofrezca una visión novedosa para hablar de Cristo en algún momento de tu ajetreada vida.

TIEMPO PARA REFLEXIONAR

¿En qué momentos sientes que tienes una vida demasiado ocupada?

_____

_____

¿Cuáles son "las piedras grandes" que tienen la máxima prioridad en tu agenda?

_____

_____

_____

TIEMPO PARA PRÁCTICA

Repasa el versículo de las Escrituras que debes memorizar esta semana.

«diciendo: El tiempo se ha cumplido, y el reino de Dios se ha acercado; arrepentíos, y creed en el evangelio». (Marcos 1,15)

Repasa tu frase *«Voy a»* de esta semana.

Lee (Hechos 26,19-32).

Mientras lees no te olvides, que es importante que uno recuerda a los acrósticos **s.i.e.n.t.a.** y **o.r.a.r.**

Practica compartiendo tu *«historia de Cristo»* y tus *«historias de crisis»*.

Practica dibujando y explicando el diagrama de tu senda de vida.

Empleando tu tarea *«Vivir con una misión: guía de campo»*, traza un plan para trabajar en tu campo esta semana.

TIEMPO PARA ORAR

Pide a Dios que te muestre algo de tu agenda que pueda estar bloqueando tu eficacia a la hora de servirlo

ANOTACIÓN EN EL DIARIO, DÍA TRES

Selecciona. **I**dentifica. **E**studia. **N**utre tu mente. **T**oma la costumbre de orar. **A**nota aquello que Dios te dice.

_____

_____

_____

_____

_____

_____

_____

_____

_____

_____

_____

_____

_____

_____

_____

_____

_____

_____

_____

_____

_____

_____

_____

Ofrece alabanza. **R**egresa. **A**cude. **R**enuncia.

INDIFERENCIA

Únicamente Dios puede hacerte anhelar lo que Él anhela.

Una cosa es desear servir a Dios pero sentir que tu agenda te lo impide. Y otra cosa muy distinta es perder el deseo de servir a Dios completamente. Sin embargo, mucha gente siente exactamente eso. Perdieron la urgencia, el deseo y el impulso de hablar de Cristo hace bastante tiempo, y se paran a pensar muy poco en el estado espiritual de las personas que les rodean.

Aunque la mayoría de Cristianos rechazan enérgicamente la idea del ateísmo (la creencia de que Dios no existe), por desgracia, cada vez existe un mayor apateísmo (apatía respecto a lo relacionado con Dios). ¿Te sientes identificado? ¿Por qué somos cada vez más apateístas respecto al estado espiritual de las personas que nos rodean?

Recuerdo la historia que contó Jesús a un hombre que decidió viajar de Jerusalén a Jericó. Esta carretera bordea el profundo Wadi Qelt, que se extiende por toda la Ribera Occidental de Israel hasta el río Jordán, que desemboca el Mar Muerto. Es una carretera complicada y mortal, incluso en la actualidad. Está llena de cuevas donde se esconden ladrones, y el trazado es estrecho con empinadas colinas a un lado. Un mal paso puede acabar en una caída trágica.

Jesús habló de un hombre que viajó por esta carretera, pero allí lo asaltaron, le dieron una paliza y le dieron por muerto. Mientras yacía allí sangrando y debatiéndose entre la vida y la muerte, otras personas pasaban a su lado. Jesús proclamó: «*Aconteció que descendió un sacerdote por aquel camino, y viéndole, pasó de largo. Asimismo un levita, llegando cerca de aquel lugar, y viéndole, pasó de largo. Pero un samaritano, que iba de camino, vino cerca de él, y viéndole, fue movido a misericordia*» **(Lucas 10,31-33)**.

Primero, un sacerdote judío pasó por esta carretera y vio al hombre sufriendo, pero no se paró a ayudarlo. Simplemente «*pasó de largo*». A continuación, un levita — miembro de una tribu judía especial aislada para alabar y servir a Dios — transitó por allí cerca y también «*pasó de largo*». Ninguno de estos hombres tan religiosos se detuvo a ayudar. Entonces, pasó por allí un samaritano. Los samaritanos eran un pueblo muy odiado por los judíos. Eran considerados mestizos y rebeldes ante el Dios de Israel. Sin embargo, ese día el samaritano vio a un hombre que sufría y se detuvo.

¿Qué diferenciaba a estos hombres? Podemos interpretar en esta historia todo tipo de motivos y escenarios que pueden haber provocado que los judíos religiosos pasaran de largo de este hombre en necesidad, pero Jesús solo ve una diferencia entre ellos: Los tres vieron al hombre necesitado, pero solo uno tuvo misericordia. Fue la misericordia la que movió al samaritano a detenerse a ayudar.

Cuando llegamos al punto en el que perdemos la misericordia por aquellos que nos rodeas y que están sufriendo y lejos de Dios, nos convertimos rápidamente en personas religiosas inservibles para el amor de Dios. O aún peor, podemos convertirnos en personas hostiles hacia aquellos que no conocen a Jesús, y verlos como el problema de este mundo. Podemos llegar a ignorar la realidad de que Satanás es el problema y que las personas que están bajo su influencia no son conscientes de ello. Las personas no son el problema. Las personas son importantes para Dios. El pecado es el problema, y Jesús vino para salvarnos del pecado y transformarnos a Su imagen.

Vamos a detenernos un momento para formular varias preguntas importantes: ¿Tienes misericordia por las personas que están alejadas de Dios? ¿Te preocupa profundamente el estado espiritual de tus amigos? ¿Oras a Dios para que abran sus ojos a la verdad? El apóstol Pablo estaba tan preocupado por el pueblo judío que escribió: «*Porque deseara yo mismo ser anatema, separado de Cristo, por amor a mis hermanos, los que son mis parientes según la carne*» (**Romanos 9,3**).

¿Quién está en tu corazón cuando ruegas a Dios para su salvación? Quizá la respuesta crudamente honesta sea «nadie». Si eso es así y es algo que te perturba, necesitas que Dios trabaje en tu corazón. He descubierto que cuando estoy demasiado centrado y absorto en mis propios objetivos, sueños, intereses y planes, empiezo a perder rápidamente la misericordia por aquellos que me rodean. Cuanto más me miro en el espejo de mi propia vida, menos veo las necesidades de los demás.

El apóstol Pablo ofreció una reflexión crítica sobre aquellos que carecen de misericordia y abundan en indiferencia. Escribió a la iglesia filipense: «*Por tanto, amados míos, como siempre habéis obedecido, no como en mi presencia solamente, sino mucho más ahora en mi ausencia, ocupaos en vuestra salvación con temor y temblor, porque Dios es el que en vosotros produce así el querer como el hacer, por su buena voluntad*» (**Filipenses 2,12-13**).

¿Qué puede sanar un corazón indiferente? En primer lugar, Pablo nos dice que miremos a Jesús. La expresión «*por tanto*» nos remonta a los versículos anteriores a estos, donde Pablo describe a Jesús. Jesús no tenía en cuenta Sus propios intereses. Jesús estaba pendiente de las necesidades acuciantes de los demás. Dejó Su hogar en el cielo, despojándose de la gloria que le pertenecía por Su derecho, y se convirtió en un sirviente hasta el punto de perecer en la cruz.

Cuanto más miramos a Jesús, más nos damos cuenta de lo que Dios busca en cada uno de nosotros. Abnegación. Sacrificio. Humildad. Centrarnos en los demás. Su corazón contrasta radicalmente con mi egoísmo y mi interés personal.

En segundo lugar, trabaja en tu relación con Dios. Pablo les dice: «*ocupaos en vuestra salvación con temor y temblor*». Sin duda, Pablo no está diciendo que nuestra salvación sea una ocupación que realizamos nosotros **(Efesios 2,8-9; Tito 3,5)**, sino que debemos ocuparnos en nuestra salud espiritual. Al igual que «entrenas» para adquirir una buena forma física, debes «entrenar» para adquirir una buena forma espiritual. Haz las cosas que hacías cuando caminabas de verdad con Dios. Dedica tiempo a la Palabra de Dios. Participa en la alabanza junto a otros creyentes. Reúnete en grupo con otros cristianos para daros aliento. Sirve en nombre de Cristo. Da aquello que tú has recibido. Cuando hagas estas cosas, estarás desintegrando esa capa de egoísmo que ha endurecido tu corazón y permitiendo que Dios haga un nuevo trabajo en tu vida.

Por último, pide a Dios que te haga responsable de aquellas personas que te rodean y que no conocen a Jesús. Pablo escribe: «*porque Dios es el que en vosotros produce así el querer como el hacer, por su buena voluntad*» **(Filipenses 2,13)**. Únicamente Dios es quien puede darte la voluntad (el deseo y la pasión) y la capacidad para actuar de un modo que cumpla Sus designios para tu vida.

Pasa tiempo a solas con Dios. Pídele que renueve en ti un corazón para las personas que necesitan a Dios. Ora: «*Señor, reaviva en mí una nueva misericordia por las personas. Ayúdame a verlos como Tú los ves. Y Señor, si buscas a alguien a quien utilizar hoy, yo estoy dispuesto. ¡Utilízame!*»

TIEMPO PARA REFLEXIONAR

¿En qué momentos te has sentido apateísta?

_____

_____

_____

_____

¿Qué puedes hacer para suscitar misericordia en tu propio corazón hacia las personas

que están alejadas de Dios?

_____

_____

_____

_____

_____

_____

TIEMPO PARA PRÁCTICA

Repasa el versículo de las Escrituras que debes memorizar esta semana.

«diciendo: El tiempo se ha cumplido, y el reino de Dios se ha acercado; arrepentíos, y creed en el evangelio». **(Marcos 1,15)**

Repasa tu frase *«Voy a»* de esta semana.

Lee **(Hechos 27,1-26)**.
Mientras lees no te olvides, que es importante que uno recuerda a los acrósticos **s.i.e.n.t.a.** y **o.r.a.r.**

Practica compartiendo tu *«historia de Cristo»* y tus *«historias de crisis»*.

Practica dibujando y explicando el diagrama de tu senda de vida.

Empleando tu tarea *«Vivir con una misión: guía de campo»*, traza un plan para trabajar en tu campo esta semana.

TIEMPO PARA ORAR

Ora para que Dios te dé misericordia con aquellos que no conocen al Señor en tu campo y las personas de tu lista de *«Cinco principales»*.

ANOTACIÓN EN EL DIARIO, DÍA CUATRO

Selecciona. **I**dentifica. **E**studia. **N**utre tu mente. **T**oma la costumbre de orar. **A**nota aquello que Dios te dice.

_____
_____
_____
_____
_____
_____
_____
_____
_____
_____
_____
_____
_____
_____
_____
_____
_____
_____
_____
_____
_____
_____
_____

Ofrece alabanza. **R**egresa. **A**cude. **R**enuncia.

DESOBEDIENCIA

Negarse a hablar es negarse a obedecer a Jesús.

Jesús no estaba planteando una sugerencia cuando envió a Sus seguidores a hacer discípulos de todas las naciones. Hablaba en serio. En **(Marcos 16,15)**, dio este mandato a Sus hombres: «**Id por todo el mundo y predicad el evangelio a toda criatura**». De nuevo, en **(Hechos 1,8)** Jesús proclamó: «**y me seréis testigos en Jerusalén, en toda Judea, y en Samaria y hasta lo último de la tierra**». Las frases «*id ... y predicad*» y «*me seréis testigos*» no sugieren que Jesús dude o se muestre tibio en esta cuestión. Habla como un rey que da órdenes y que sabe perfectamente quién es.

El apóstol Pablo era consciente de que había sido designado por el Rey de Reyes para transmitir este mensaje a todo aquel que escuchara. Dijo a los creyentes de Roma: «**A griegos y a no griegos, a sabios y a no sabios soy deudor. Así que, en cuanto a mí, pronto estoy a anunciaros el evangelio también a vosotros que estáis en Roma**» **(Romanos 1,14-15)**.

Con la palabra «*deudor*» quiere decir que está obligado a devolver algo que debe. Pablo sabía que debía el Evangelio a las personas. Era él quien debía darlo, y se le pedía que lo diera. Pablo no compartió el Evangelio a regañadientes ni con una actitud crítica. Estaba «*pronto estoy a anunciaros el evangelio*» a la gente en Roma, pero era consciente de que Jesucristo le había encargado esta tarea y que un día debería responder ante el Rey Jesús por lo que hizo con el Evangelio que había recibido.

Cuando Pablo relató cómo Jesús, en la carretera a Damasco, le había encomendado que predicara el Evangelio, dijo: «*no fui rebelde a la visión celestial*» **(Hechos 26,19)**. Pablo no fue desobediente hacia Jesús. Fue un testigo fiel de todo lo que había visto y oído **(Hechos 4,20)**.

¿Y tú? ¿Eres obediente al mandato de Jesús de contarle a la gente lo que Él ha hecho por ti? Al fin y al cabo, el silencio es pecado. Negarte a hablar es rebelarte contra tu Rey. Jesús te ha colocado donde estás por una razón: porque hay personas que viven cerca de ti y que trabajan contigo que necesitan imperiosamente el Evangelio. Es tu obligación y tu privilegio compartirlo con ellas.

Un día, Jesús pronunció una parábola que arroja luz sobre la idea de la obediencia. Dijo: «*Pero ¿qué os parece? Un hombre tenía dos hijos, y acercándose al primero, le dijo: Hijo, ve hoy a trabajar en mi viña. Respondiendo él, dijo: No quiero; pero después, arrepentido, fue. Y acercándose al otro, le dijo de la misma manera; y respondiendo él, dijo: Sí, señor, voy. Y no fue. ¿Cuál de los dos hizo la voluntad de su padre? Dijeron ellos: El primero. Jesús les dijo: De cierto os digo, que los publicanos y las rameras van delante de vosotros al reino de Dios*» **(Mateo 21,28-31)**.

Esta historia se encuadra en medio de una conversación muy tensa. Me imagino a Jesús mirando al grupo de fariseos con los ojos muy abiertos y los puños apretados. Aunque estos líderes religiosos afirmaban conocer a Dios y ser Sus representantes ante el pueblo, sus corazones endurecidos estaban planeando violencia contra Jesús. Jesús vio la ironía y la hipocresía en sus actos. Eran los jueces de Israel, imponiendo castigos a aquellos que no cumplían con el detalle más nimio de la ley, y, sin embargo, ellos mismos eran culpables de la desobediencia suprema: rechazar al Mesías.

Con el fin de exponerlos, Jesús contó esta historia: Un padre tenía dos hijos. Ordenó a uno de ellos que fuera a trabajar en su campo y este se negó en redondo. No había mayor desobediencia y falta de respeto. De acuerdo con la ley, este hijo podría haber sido ejecutado por tal delito **(Deuteronomio 21,18-21)**. Sin embargo, su padre tuvo misericordia y se alejó de él para darle tiempo para reflexionar. Pasado un tiempo, el hijo se sintió culpable por lo que había dicho y fue a trabajar en los viñedos de su padre, como le había ordenado. Entretanto, el padre acudió a su otro hijo y le dio la misma orden: «*ve a trabajar en mis viñedos*». Este hijo aceptó de inmediato. «*Sí, padre. Enseguida voy*». Sin embargo, cuando el padre se fue volvió a centrarse en aquello que estaba haciendo y no volvió a pensar en ir a trabajar.

Entonces, Jesús preguntó: «*¿Qué hijo obedeció realmente a su padre?*» La respuesta era obvia: el que había ido a trabajar al campo. Entonces, Jesús se volvió a estos profesionales religiosos y dijo de hecho:(Para entender esta historia debemos recordar lo que Dios le dijo al pueblo judío por medio el profeta, del antiguo testamento, Isaias: «**dice: Poco es para mí que tú seas mi siervo para levantar las tribus de Jacob, y para que restaures el remanente de Israel; también te di por luz de las naciones, para que seas mi salvación hasta lo postrero de la tierra**», según **(Isaías 49,6)**. En ves de brilando la luz habían rechazado trabajar en Su campo dirigiendo a la gente hacia el Mesías. Habian rechazado el Mesias y fueron una barrera, mateniendo la gente alejadas de Jesus. Es como Jesus estaba diciendo "*Ustedes son como el hijo desobediente rechazando trabajar en el campo de mi padre pero estos pecadores han abierto sus corazones a mi y llevaran el Evangelio a los fines de la tierra.*"

Hoy ocurre exactamente lo mismo; solo porque una persona sea religiosa no quiere decir que esté en buena sintonía con Dios. De hecho, es posible observar y actuar de un modo muy espiritual e ignorar el claro mandato de Jesús de llevar el Evangelio a las distintas naciones. Asimismo, es bastante posible que aquellos que iniciaron su vida rebeldes ante Dios puedan llegar a la fe, empezar de nuevo y vivir su vida obedeciendo Su mandato y hablando de Él a los demás.

La pregunta imperante es: ¿Cuál de los dos eres tú?

TIEMPO PARA REFLEXIONAR

Jesús habló de dos grupos: los religiosos, pero desobedientes; y los no religiosos, pero obedientes. Explica con qué grupo te sientes más identificado.

_____

_____

_____

_____

_____

_____

_____

_____

_____

_____

_____

_____

¿Qué podrías hacer para obedecer fielmente a Jesús?

_____

_____

_____

_____

_____

_____

_____

_____

_____

_____

_____

TIEMPO PARA PRÁCTICA

Repasa el versículo de las Escrituras que debes memorizar esta semana.

«diciendo: El tiempo se ha cumplido, y el reino de Dios se ha acercado; arrepentíos, y creed en el evangelio». **(Marcos 1,15)**

Repasa tu frase *«Voy a»* de esta semana.

Lee **(Hechos 27,27-44)**.
Mientras lees no te olvides, que es importante que uno recuerda a los acrósticos **s.i.e.n.t.a.** y **o.r.a.r.**

Practica compartiendo tu *«historia de Cristo»* y tus *«historias de crisis»*.

Practica dibujando y explicando el diagrama de tu senda de vida.

Empleando tu tarea *«Vivir con una misión: guía de campo»*, traza un plan para trabajar en tu campo esta semana.

TIEMPO PARA ORAR

Pide a Dios que te dé entusiasmo para compartir con las personas con las que interactúes hoy en tu campo.

ANOTACIÓN EN EL DIARIO, DÍA CINCO

Selecciona. **I**dentifica. **E**studia. **N**utre tu mente. **T**oma la costumbre de orar. **A**nota aquello que Dios te dice.

Ofrece alabanza. **R**egresa. **A**cude. **R**enuncia.

LA VISIÓN MAS GRANDE

Fuiste creado para algo más.

¿Qué visión tienes para tu vida? ¿Cómo pretendes medir tu éxito? Aunque estas preguntas dan que pensar, son absolutamente fundamentales si deseas aprovechar cada sentido y propósito de la única vida que Dios te ha dado.

Podrás decir: «*Quiero una vida feliz y sin sufrimiento*». Piensa mas grande. Puedes responder: «*De acuerdo, quiero tener un éxito arrollador y conseguir todas las cosas que desee*». Piensa mas grande. Piensa por un momento. «*Quiero tener tanto éxito que la historia me recuerde durante siglos*». Piensa mas grande. «*¿Qué puede haber más grande que eso?*», te preguntarás.

Estoy convencido de que pensamos a muy pequeña escala. Tenemos sueños pequeños, esperanzas pequeñas, objetivos pequeños y expectativas pequeñas. Y como pensamos a pequeña escala, tenemos una vida pequeña. Sin embargo, Dios tiene una visión más grande para tu vida. Es más grande que ganar un montón de dinero. Mucha gente gana una fortuna y sigue sintiéndose miserable e insignificante. Los planes de Dios son más grandes que tu propia comodidad. Mucha gente juega a lo seguro y nunca se aventura en las profundas aguas del riesgo y la relevancia. No, la visión de Dios para tu vida es más grande. Es algo que no se puede comprender en esta vida. Se extiende a toda la eternidad.

La visión de Dios se basa en que utilices la única vida que Él te ha dado en el lugar y tiempo únicos en donde Él te ha colocado para aquello que más importa, las cosas que perduran eternamente. Hacer algo menos que eso sería como construir un castillo de arena en la playa. Cuando has terminado todo el trabajo, la marea sube y las olas lo arrasan sin dejar rastro de lo que hubo allí. Las cosas que perduran son las cosas que importan, y las cosas que importan son las cosas que seguirán recordándose más allá de esta vida: tu relación con Cristo y las almas de los hombres y mujeres que has llevado hasta Él.

No te conformes con una visión pequeña. No entregues tu mejor época, esfuerzo, entusiasmo y energía a cosas temporales. Entrega lo mejor de ti a Jesús y Su misión. Únete a Él en Su causa. Al fin y al cabo, será Jesús quien evalúe el éxito de tu vida. Él verá lo que hiciste con el Evangelio que Él te entregó y la influencia que has ejercido sobre los demás. Ese día, recibirás tu recompensaı.

En las últimas siete semanas has aprendido a cooperar con Jesús en Su misión. Empezaste conociendo por qué es importante vivir con una misión y qué está en juego si no compartes el Evangelio. Con el ejemplo de Jesús, descubriste la importancia de alcanzar a las personas que te rodean y conociste la sencilla herramienta de la lista de «Cinco principales». En la tercera semana aprendiste a compartir tu «historia de crisis»: cómo ha cuidado Jesús de ti en una época de crisis en tu vida. También aprendiste a compartir tu «historia de Cristo»: cómo llegaste a creer en y seguir Jesús. En este proceso has conocido el diagrama de la senda de vida, una herramienta muy sencilla para explicar el Evangelio a tus amigos y familiares perdidos. Has aprendido a responder las preguntas más habituales de los exploradores espirituales, y has aprendido a ver tu vida como un campo en el que Dios desea que trabajes para Su gloria. Por último, has conocido las cuatro barreras principales que retienen a las personas a la hora de vivir con una misión, y has aprendido a superar cada una de ellas.

Has sido estirado y desafiado. Has sido entrenado y equipado. Ahora la pregunta es: ¿qué vas a hacer con todo ello? ¿Cómo vas a elegir vivir tu vida, pensando en lo temporal o en lo eterno?

Quiero desafiarte a que des el siguiente paso en tu camino espiritual. Ya sabes cómo caminar con Dios, y ya sabes cómo alcanzar a tu mundo. Sin embargo, aún te queda camino para conocer la clave para una vida genuina, poderosa y relevante. En *Invertir En Unos Pocos*, el tercer libro de esta serie, te enseñaré a aprovechar todo lo que has aprendido para invertir en unas pocas de personas que puedan hacer lo mismo para los demás.

Piénsalo: Tu vida podría iniciar un movimiento que continúe mucho después de tu paso por esta vida, llegando a la eternidad. ¿No te parece algo gratificante y emocionante? Si lo ves así, estás preparado para vivir la vida que Dios ha diseñado solo para ti: una vida de relevancia.

TIEMPO PARA REFLEXIONAR

¿Qué visión tienes para tu vida? ¿Es una visión mas grande de Dios?

_____

_____

_____

_____

_____

_____

_____

_____

¿En qué cambiaría tu vida si dieras lo mejor de ti para las cosas que más importan?

¿Estarías dispuesto a dedicar las siete próximas semanas a aprender a multiplicar tu vida en los demás? Justifica tu respuesta.

_____

_____

_____

_____

_____

_____

TIEMPO PARA PRÁCTICA

Repasa el versículo de las Escrituras que debes memorizar esta semana.

«diciendo: El tiempo se ha cumplido, y el reino de Dios se ha acercado; arrepentíos, y creed en el evangelio». (Marcos 1,15)

Repasa tu frase «Voy a» de esta semana.

Lee **(Hechos 28,1-16)**.

Mientras lees no te olvides, que es importante que uno recuerda a los acrósticos **s.i.e.n.t.a.** y **o.r.a.r.**

Practica compartiendo tu «historia de Cristo» y tus «historias de crisis».

Practica dibujando y explicando el diagrama de tu senda de vida.

Empleando tu tarea «Vivir con una misión: guía de campo», traza un plan para trabajar en tu campo esta semana.

TIEMPO PARA ORAR

Ora para que Dios te muestre Su visión para tu vida y para tener la fuerza necesaria para vivirla desde hoy mismo.

ANOTACIÓN EN EL DIARIO, DÍA SEIS

Selecciona. **I**dentifica. **E**studia. **N**utre tu mente. **T**oma la costumbre de orar. **A**nota aquello que Dios te dice.

_____

_____

_____

_____

_____

_____

_____

_____

_____

_____

_____

_____

_____

_____

_____

_____

_____

_____

_____

_____

_____

_____

_____

Ofrece alabanza. **R**egresa. **A**cude. **R**enuncia.

TU DÍA PARA ORAR

Hoy no tienes ninguna lectura adicional. Dedica tiempo a la Palabra de Dios, escucha Su voz y ora fervientemente por tus amigos perdidos.

TIEMPO PARA REFLEXIONAR

¿Qué es lo que mas ha significado para ti en las siete últimas semanas?

_____
_____
_____
_____
_____
_____
_____
_____
_____
_____
_____
_____
_____
_____
_____
_____

¿Qué cambios debes hacer para empezar a vivir con una misión?

_____

_____

_____

_____

_____

_____

_____

_____

_____

_____

_____

TIEMPO PARA PRÁCTICA

Repasa el versículo de las Escrituras que debes memorizar esta semana.

«diciendo: El tiempo se ha cumplido, y el reino de Dios se ha acercado; arrepentíos, y creed en el evangelio». (Marcos 1,15)

Repasa tu frase «Voy a» de esta semana.

Lee (Hechos 28,17-31).
Mientras lees no te olvides, que es importante que uno recuerda a los acrósticos **s.i.e.n.t.a.** y **o.r.a.r.**

Practica compartiendo tu «historia de Cristo» y tus «historias de crisis».

Practica dibujando y explicando el diagrama de tu senda de vida.

Empleando tu tarea «Vivir con una misión: guía de campo», traza un plan para trabajar en tu campo esta semana.

PARA EL TRABAJO EN GRUPO

Mi frase **«Voy a»**:

En la línea de lo que acabo de estudiar, esta semana voy a poner en práctica lo siguiente:

_____
_____
_____
_____
_____
_____
_____
_____
_____
_____
_____
_____
_____
_____
_____
_____
_____
_____
_____
_____
_____
_____
_____
_____
_____
_____
_____

ANOTACIÓN EN EL DIARIO, DÍA SIETE

Selecciona. **I**dentifica. **E**studia. **N**utre tu mente. **T**oma la costumbre de orar. **A**nota aquello que Dios te dice.

_____

_____

_____

_____

_____

_____

_____

_____

_____

_____

_____

_____

_____

_____

_____

_____

_____

_____

_____

_____

_____

Ofrece alabanza. **R**egresa. **A**cude. **R**enuncia.

ANOTACIÓN EN EL DIARIO

Selecciona. **I**dentifica. **E**studia. **N**utre tu mente. **T**oma la costumbre de orar. **A**nota aquello que Dios te dice.

_____

_____

_____

_____

_____

_____

_____

_____

_____

_____

_____

_____

_____

_____

_____

_____

_____

_____

_____

_____

_____

_____

Ofrece alabanza. **R**egresa. **A**cude. **R**enuncia.

APÉNDICES

II
UN VISTAZO RÁPIDO A LOS HECHOS

IV
MEMORIZAR LAS ESCRITURAS

VII
INSTRUCCIONES PARA QUE UNO S.I.E.N.T.A. LA VOZ DE DIOS

IX
INSTRUCCIONES PARA O.R.A.R.

XI
CINCO PRINCIPALES

XIII
VIVIR CON UNA MISIÓN. GUÍA DE CAMPO

UN VISTAZO RÁPIDO A LOS HECHOS

TÍTULO: El libro se titula Hechos porque es un relato detallado de los hechos de los apóstoles mediante la obra del Espíritu Santo en los comienzos de la iglesia.

AUTOR: Aunque el libro no identifica directamente a su autor, si comparamos **(Lucas 1,1-4)** y **(Hechos 1,1-3)** queda claro que Lucas es el autor tanto del Evangelio de Lucas como del libro de Hechos. Las primeras tradiciones de la iglesia corroboran también que Lucas es el autor de ambos libros. Lucas fue un médico y compañero de confianza del apóstol Pablo **(Colosenses 4,14; 2 Timoteo 4,11)**.

FECHA: Es probable que el libro de Hechos fuera escrito entre los años 60 y 64 d.C. en Roma.

ÁMBITO: El libro fue escrito para ofrecer un relato cronológico e histórico de los primeros pasos de la iglesia. Empieza donde acaba el Evangelio de Lucas, tras la muerte y resurrección de Jesucristo. Relata cómo se apareció Jesús ante Sus discípulos, les dio poder con el Espíritu Santo y los utilizó para difundir el Evangelio en Jerusalén, a lo largo de las regiones de Judea y Samaria y, en última instancia, por todo el mundo.

OBJETIVO: El libro fue dedicado a «Teófilo» **(Hechos 1,1)**, que probablemente era el benefactor que encargó la escritura del Evangelio de Lucas y el libro de Hechos **(Lucas 1,1-3)**. El libro hace hincapié en cómo dio fuerza el Espíritu Santo a los primeros discípulos para ser testigos efectivos de Jesucristo y en cómo se expandió la iglesia por todo el mundo. A lo largo de Hechos vemos cómo Dios eleva a grandes hombres y mujeres como el apóstol Pablo, Esteban, Felipe, Bernabé, Timoteo, Lidia, Priscila, Aquila y Pedro para convertirse en poderosos líderes y misioneros.

APLICACIÓN EN LA ACTUALIDAD: Al leer este libro, podemos ver cómo utiliza Dios a hombres y mujeres ordinarios de maneras extraordinarias a la hora de relatar lo que Jesús ha hecho por ellos. También me recuerda a ese mismo Dios que trabajó poderosamente en los primeros años de la iglesia, y que seguirá trabajando poderosamente hoy si confiamos en Él y le obedecemos.

VERSÍCULOS CLAVE DEL LIBRO DE HECHOS:

«pero recibiréis poder, cuando haya venido sobre vosotros el Espíritu Santo, y me seréis testigos en Jerusalén, en toda Judea, en Samaria, y hasta lo último de la tierra». **(Hechos 1,8)**

«Y en ningún otro hay salvación, porque no hay otro nombre bajo el cielo, dado a los hombres, en que podamos ser salvos». **(Hechos 4,12)**

«Mas Pedro y Juan respondieron diciéndoles: Juzgad si es justo delante de Dios obedecer a vosotros antes que a Dios; porque no podemos dejar de decir lo que hemos visto y oído». **(Hechos 4,19-20)**

«Mas yendo por el camino, aconteció que al llegar cerca de Damasco, repentinamente le rodeó un resplandor de luz del cielo; y cayendo en tierra, oyó una voz que le decía: Saulo, Saulo, ¿por qué me persigues? El dijo: ¿Quién eres, Señor? Y le dijo: Yo soy Jesús, a quien tú persigues; dura cosa te es dar coces contra el aguijón. El, temblando y temeroso, dijo: Señor, ¿qué quieres que yo haga? Y el Señor le dijo: Levántate y entra en la ciudad, y se te dirá lo que debes hacer». **(Hechos 9,3-6)**

«Ellos dijeron: Cree en el Señor Jesucristo, y serás salvo, tú y tu casa». **(Hechos 16,31)**

MEMORIZAR LAS ESCRITURAS

«¿Con qué limpiará el joven su camino? Con guardar tu palabra. ... En mi corazón he guardado tus palabras para no pecar contra ti». (Salmo 119,9; 119, 11)

¿POR QUÉ DEBEMOS MEMORIZAR LAS ESCRITURAS?

Memorizar las Escrituras es fundamental para tu crecimiento espiritual en Cristo. El propio Jesús conocía las Escrituras de memoria. Como a cualquier niño judío, a Jesús se le habría exigido memorizar los cinco primeros libros del Antiguo Testamento (Torá) antes de cumplir los 12 años. A lo largo del ministerio de Jesús, citó las Escrituras de memoria en ochenta ocasiones diferentes de setenta pasajes distintos. Citó las Escrituras de memoria, afirmando tres veces «escrito está» mientras resistía la tentación **(Mateo 4, 1-11)**.

Sus discípulos eran también devotos de la palabra de Dios y se dedicaban por completo a orar y predicar las Escrituras **(Hechos 2, 42; 6, 4)**. A lo largo de los siglos, hombres y mujeres de Dios se han dedicado a memorizar la palabra de Dios.

«La memorización de la Biblia es fundamental para la formación espiritual. Si tuviera que elegir entre todas las disciplinas de la vida espiritual, elegiría la memorización de la Biblia, pues es un medio fundamental para llenar nuestra mente con lo que necesita. Este libro de la ley no saldrá de tu boca. ¡Ahí es donde tiene que estar! ¿Y cómo puede llegar a tu boca? Memorizándolo».

— **Dallas Willard**, Profesor de Filosofía de la Universidad del Sur de California

(«Spiritual Formation in Christ for the Whole Life and Whole Person» in Vocatio, Vol. 12, N.º 2, Primavera 2001, p. 7.))

«En términos prácticos, no conozco ninguna otra actividad más gratificante en la vida cristiana que la de memorizar las Escrituras. ...¡Ningún otro ejercicio rinde mayores beneficios espirituales! Tu vida de oración se verá reforzada. Tu testimonio será más preciso y mucho más efectivo. Tus actitudes y perspectivas empezarán a cambiar. Tu mente estará más alerta y atenta. Aumentará tu confianza y tu seguridad. Tu fe se consolidará».

— *Chuck Swindoll*, Profesor de Filosofía de la Universidad del Sur de California

(«*Spiritual Formation in Christ for the Whole Life and Whole Person*» in Vocatio, Vol. 12, N.º 2, Primavera 2001, p. 7.)

ANTES DE COMENZAR
• Reúne los materiales adecuados. Necesitarás una tarjeta de memorización de Escrituras, un paquete de memorización de Escrituras, un lápiz y una Biblia.
• Lee el contexto del versículo para entender correctamente su significado.
• Escribe el versículo en una cara de la tarjeta de memorización, y la referencia (donde se encuentra el versículo) en la otra cara.

COMO MEMORIZAR EL VERSÍCULO
• Lee el versículo en voz alta entre ocho y diez veces.
• Divide el versículo en frases. Practica recitando la primera frase varias veces, hasta que la sepas de memoria. A continuación, añade la frase siguiente hasta que la memorices. Continúa hasta que puedas recitar el versículo de memoria perfectamente palabra por palabra.
• No olvides memorizar la referencia del versículo (por ej.: **Juan 3, 16**), no solo el propio versículo.
• Reflexiona profundamente sobre cada frase mientras la memorizas. ¿Cómo puede aplicarse a tu vida? No te limites a memorizarla solamente, deja que se adentre en tu corazón.

CÓMO MANTENER LOS VERSICULOS
• Guarda todas las tarjetas juntas en tu paquete de memorización de Escrituras.
• Repasa. Repasa. Repasa. La repetición hace que los versículos se graben en tu mente y tu corazón.
• Comparte los versículos con tus amigos. Cuando los utilizas para animar a otras personas, Dios te anima a ti.

VERSÍCULOS SEMANALES PARA MEMORIZAR

SEMANA **UNO**

«Me mostrarás la senda de la vida; En tu presencia hay plenitud de gozo;
Delicias a tu diestra para siempre» **(SALMO 16,11)**.

SEMANA **DOS**

«Todos nosotros nos descarriamos como ovejas, cada cual se apartó
por su camino; mas Jehová cargó en él el pecado de todos nosotros»
(ISAÍAS 53,6).

SEMANA TRES

«Por cuanto todos pecaron, y están destituidos de la gloria de Dios» **(ROMANOS 3,23)**.

«Porque la paga del pecado es muerte, mas la dádiva de Dios es vida eterna
en Cristo Jesús Señor nuestro»**(ROMANOS 6,23)**.

SEMANA CUATRO

«De manera que cada uno de nosotros dará a Dios cuenta de sí» **(ROMANOS 14,12)**.

SEMANA CINCO

«Jesús le dijo: Yo soy el camino, y la verdad, y la vida; nadie viene al Padre, sino por mí»
(JUAN 14,6).

SEMANA SEIS

«Entrad por la puerta a estrecha, porque ancha es la puerta y espacioso el camino que
lleva a la perdición, y muchos son los que entran por ella; porque estrecha es
la puerta y angosto el camino que lleva a la vida, y pocos son los que la hallan»
(MATEO 7,13-14).

SEMANA SIETE

«diciendo: El tiempo se ha cumplido, y el reino de Dios se ha acercado; arrepentíos, y creed
en el evangelio» **(MARCOS 1,15)**.

INSTRUCCIONES PARA QUE UNO
S.I.E.N.T.A. LA VOZ DE DIOS

«Mis ovejas oyen mi voz, y yo las conozco, y me siguen» — Jesús
(Juan 10, 27)

Dios sigue hablando hoy en día, y aquellos que lo siguen escuchan Su voz. Pero ¿cómo podemos escuchar la voz de Dios? Dios habla principalmente a través de Su Palabra, la Biblia. Cuando lees la Biblia y reflexionas profundamente sobre lo que dice, aplicándolo a tu vida, Dios te habla a través de Su Espíritu. Para aprender a escuchar a Dios, vamos a crear un acróstico que pueda enseñarnos y para que uno **«s.i.e.n.t.a.»** a Dios cuando escuchas a Dios a través de leer Su Palabra.

S significa seleccionar un pasaje de la Palabra de Dios. Para saber escuchar, hay que empezar mirando la Palabra de Dios. Si el principal medio que emplea Dios para hablar es Su Palabra, es necesario leer la Palabra de Dios para poder escucharlo. Acostúmbrate a leer la Palabra de Dios cada día. Antes de empezar a leer cada día, dedica un tiempo a orar. Pídele a Dios que te abra los ojos para verlo y te abra los oídos para escuchar Su voz. Ora: «Háblame, Señor, te estoy escuchando».

I significa identificar lo más importante para ti. Cuando leas, debe estar pendiente de lo que el Espíritu de Dios te señala para que adviertas. A menudo, te llamará la atención una palabra o una frase. En ocasiones, el Espíritu te señalará una enseñanza que se te pueda aplicar directamente. No leas de manera casual, sino activamente, buscando lo que te depara Dios ese día. Cuando te llame la atención algún versículo, subráyalo en tu Biblia.

E significa identificar lo más importante para ti. Cuando leas, debe estar pendiente de lo que el Espíritu de Dios te señala para que adviertas. A menudo, te llamará la atención una palabra o una frase. En ocasiones, el Espíritu te señalará una enseñanza que se te pueda aplicar directamente. No leas de manera casual, sino activamente, buscando lo que te depara Dios ese día. Cuando te llame la atención algún versículo, subráyalo en tu Biblia.

N significa nutrir tu mente y reflexiona sobre cómo se aplica a tu vida. Una vez que entiendes claramente el significado tráelo a tu corazón. Reflexiona profundamente sobre cómo se aplican estas verdades a tu vida. Esto es lo que la Biblia denomina meditación.

Mucha gente cree que la meditación es vaciar la mente y pensar en cosas agradables. No obstante, la meditación bíblica se centra en la Palabra de Dios y en pedirle a Dios que la aplique a nuestra vida. **Salmo 119, 15** dice: *«En tus mandamientos meditaré; Consideraré tus caminos».*

Dios le dijo a Josué: *«Nunca se apartará de tu boca este libro de la ley, sino que de día y de noche meditarás en él, para que guardes y hagas conforme a todo lo que en él está escrito; porque entonces harás prosperar tu camino, y todo te saldrá bien»* **(Josué 1, 8).**

T significa tomar la costumbre de orar con Dios. Una vez que has escuchado a Dios a través de Su Palabra, la has estudiado y has meditado sobre cómo se aplica a tu vida, llega el momento de orar sobre ese tema. El simple hecho de orar las Escrituras a Dios con tus propias palabras puede ser algo muy poderoso. Pídele a Dios que haga realidad la verdad en tu vida. Si tienes algún pecado que confesar, confiésalo a Dios rápidamente para recibir Su perdón prometido, **(1 Juan 1, 9)**. Ahora, Dios y tú mantenéis una conversación significativa y transformadora.

A significa anotar lo que Dios dice y lo que tú oras en un diario. Es importante anotar lo que Dios dice, por diversos motivos:

1) Te ayuda a recordar lo que Dios te ha hablado en tu vida. Si Dios te condena a realizar algún acto, escribirlo te ayudará a recordar de obedecer. Si Dios te hace una gran promesa o te dice palabras de ánimo, escribirlo te ayudará a recordar lo que te ha dicho.
2) Anotar tus conversaciones con Dios te animará a lo largo de los años. Si miras atrás a momen tos oscuros de tu vida y lees lo que Dios te ha hablado, te animarás sabiendo que Él es fiel y te ayudará a superar tus dificultades actuales.
3) Escribir tus conversaciones con Dios te ayudará a transmitir grandes promesas y experiencias a tus hijos y a otros. A lo largo de los años, grandes hombres y mujeres de fe han mantenido la disciplina cotidiana de escribir un diario espiritual para conocer mejor a Dios.

A continuación, te ofrezco consejos prácticos para iniciar tu diario:

1) Pon la fecha en la parte superior para recordar cuándo te ha hablado Dios.
2) Escribe el pasaje clave y aquellas percepciones que te transmita Dios.
3) Indica cómo se aplica el pasaje a tu vida. También es conveniente personalizarlo, reescribirlo con tu propio nombre como si Jesús te hablara directamente.
4) Escribe tu oración personal. Redacta como si estuvieras escribiendo una carta a Jesús.
5) Resume lo que Dios te ha hablado con un título breve en la parte superior de la página.

¿CÓMO O.R.A.R.?

«Mi corazón ha dicho de ti: Buscad mi rostro. Tu rostro buscaré, oh Jehová»
(Salmo 27, 8)

Dios desea que busques Su rostro y lo conozcas de un modo profundo y personal. Una de las formas de buscar a Dios es hablar con Él en la oración. Los discípulos de Jesús acudieron a Él para preguntarle cómo debían orar. Sabían que el secreto de la hermandad de Jesús con el Padre y de Su fuente de energía estaba en Su vida de oración. Jesús dio a sus discípulos una oración modelo para guiarles a la hermandad con el Padre **(Mateo 6, 9-13)**. Ahora, te presento una manera sencilla para **o.r.a.r.** como Jesús cada día.

O significa **OFRECER ALABANZA**. Jesús inicia su oración alabando al Padre. Dijo: *«Padre nuestro que estás en los cielos, santificado sea tu nombre»* **(Mateo 6, 9)**. Santificado viene de santo: distinguir o venerar a alguien o algo. Jesús está diciendo: *«Padre, tu nombre es sagrado»*. Jesús iniciaba sus oraciones con una alabanza. Lo primero que debes hacer cuando estés en presencia de Dios es alabarlo.

Salmo 100, 4 dice: *«Entrad por sus puertas con acción de gracias, por sus atrios con alabanza. ¡Alabadle; bendecid su nombre!»*. **Salmo 22, 3** dice: *«Pero tú eres santo, Tú que habitas entre las alabanzas de Israel»*. Los ángeles están en presencia de Dios clamando: *«Y el uno al otro daba voces, diciendo: Santo, santo, santo, Jehová de los ejércitos; toda la tierra está llena de su gloria»* **(Isaías 6, 3)**. Si eso es cierto, cuando llegues a la presencia de Dios, no vendrás esperando algo sino vendrás para alabarlo.

R significa **REGRESAR**. Jesús oró: *«Venga tu reino. Hágase tu voluntad, como en el cielo, así también en la tierra»* **(Mateo 6, 10)**. ¿Por qué oró Jesús para que viniera el Reino? El Reino de

Dios es el gobierno de Dios en las vidas de Su gente. Formar parte del Reino de Dios es cumplir Su voluntad. Aquellos que cumplen la voluntad de Dios forman parte de Su Reino. Cuando oramos «Venga tu reino. Hágase tu voluntad», estamos orando «Padre, en este momento quiero que gobiernes mi vida». Sin embargo, en el momento en que oramos por eso, tenemos que confesar que en realidad no vivimos de ese modo. Hay muchos apartados de nuestras vidas que escapan a la voluntad de Dios. Cuando pecamos. Cuando desfallecemos. Cuando padecemos. Cuando vagamos. Por eso necesitamos regresar al Señor. Este es el momento de pedirle a Dios que busque en tu corazón y le muestre tu pecado **(Salmos 139, 23)**, para luego confesárselo a Él rápidamente **(1 Juan 1, 9)**.

A significa **ACUDIR**. Dios desea que acudas a Él y le pidas aquello que necesitas. Jesús dijo: *«Pedid, y se os dará; buscad, y hallaréis; llamad, y se os abrirá. Porque todo el que pide, recibe; y el que busca, halla. y al que llama, se le abrirá»* **(Mateo 7, 7-8)**.

Jesús le pidió a Su Padre varias cosas, y tú puedes pedirle esas mismas cosas en la oración. Pide el sustento de Dios: *«El pan nuestro de cada día, dánoslo hoy»* **(Mateo 6, 11)**. Pide la mejor versión de Dios en tus relaciones: *«Y perdónanos nuestras deudas, como también nosotros perdonamos a nuestros deudores»* **(Mateo 6, 12)**. Pide la protección de Dios: «Y no nos metas en tentación, mas líbranos del mal» **(Mateo 6, 13)**.

R significa **RENUNCIA**. Jesús nos enseña a orar: *«Pues tuyo es el Reino, el poder y la gloria, por todos los siglos. Amén»* **(Mateo 6, 13)**. Cuando pronuncias estas palabras, estás diciendo: «Señor, me entrego a ti en cada parte de mi vida. Todo gira en torno a ti, tu Reino, tu poder y tu gloria». Es una declaración de entrega a Dios. Entregarte significa reconocer la autoridad de Jesús en tu vida, ceder el mando al Espíritu y dar gloria a Dios en todo lo que hace.

CINCO PRINCIPALES

«Andad sabiamente para con los de afuera, redimiendo el tiempo. Sea vuestra palabra siempre con gracia, sazonada con sal, para que sepáis cómo debéis responder a cada uno».
(COLOSENSES 4,5-6)

Jesús nos conmina a cada uno de nosotros a vivir en una misión con Él. En parte, vivir con una misión supone vivir con un propósito y aprovechar al máximo cada oportunidad para hablar de Cristo con las personas que Él pone en tu vida. Incluye en tu lista de *«Cinco principales»* a las cinco personas que Dios ha puesto en tu corazón y que más necesitan el Evangelio. .

Cuando vayas enumerando sus nombres, no olvides:
- Orar por cada uno de ellas a diario, pidiendo al Señor que las lleve a la fe en Jesús.
- Ve registrando los avances de tus conversaciones, cuando pases de informal a personal, a
significativa, después a espiritual y finalmente al Evangelio.
- Identifica los próximos pasos que debes dar para compartir a Cristo con ellas. Pasos como, por ejemplo, responder preguntas, compartir un libro o recursos, o invitarlas a la iglesia.

MI LISTA DE «CINCO PRINCIPALES»

NOMBRE	CONVERSACIONES					PASOS
	INFORMAL	PERSONAL	SIGNIFICATIVA	ESPIRITUAL	EVANGELIO	
Juan Perez	X	X	X			Preparatea compartir una «historia de crisis»

FECHA

VIVIR CON UNA MISIÓN: GUÍA DE CAMPO

Las seis preguntas siguientes se han planteado para ayudarte a centrar tus esfuerzos para alcanzar a las personas del campo que Dios te ha otorgado:

1. ¿DÓNDE ESTÁ TU CAMPO?

Identifica los cuatro campos donde Dios te ha colocado. Sé específico y señala los límites de cada campo.

CAMPO UNO:

Donde vivo — ¿Dónde vives? ¿Cuáles son los límites físicos del barrio que consideras tu campo?

_____

_____

_____

_____

CAMPO DOS:

Donde aprendo — ¿Dónde estudias? ¿A qué centro de enseñanza acude tu familia? ¿Con qué actividades o grupos de ese centro te identificas más fácilmente?

_____

_____

_____

_____

CAMPO TRES:

Donde trabajo — ¿Dónde trabajas? ¿Consideras que tu campo son los trabajadores o obreros con quien trabajas?

_____

_____

_____

_____

CAMPO CUATRO:

Donde me recreo — ¿Dónde pasas tu tiempo libre? ¿En qué actividades (hobbies, equipos deportivos, ect.) participáis tu familia y tú actualmente?

_____

_____

_____

_____

Ahora que has identificado tus cuatro campos, ¿en qué campo percibes más claramente el trabajo de Dios? ¿En qué campo están más cultivadas las relaciones? ¿Qué campo notas más receptivo a tu influencia? Cuando hayas respondido estas preguntas, señala con un círculo ese campo. Este será el campo donde empieces a trabajar con un propósito en los próximos días.

2. ¿QUIÉN ESTÁ EN TU CAMPO?

Cuando empieces a trabajar en tu campo, identifica a las personas que forman parte del mismo. Responde las preguntas siguientes:

¿QUIÉNES SON LOS CREYENTES?

Haz una lista de las personas que ya son seguidores de Jesús en tu campo.

_____

_____

_____

_____

¿CUÁLES SON LAS NECESIDADES DE TU CAMPO?

Plantéalo en términos de «*necesidades externas*» (necesidades físicas evidentes) y «*necesidades internas*» (necesidades, personales o espirituales).

_____

_____

_____

_____

¿CÓMO PUEDES ASOCIARTE CON OTRAS PERSONAS PARA ABORDAR ESTAS NECESIDADES?

A la hora de orar y asociarte con otros creyentes, ¿qué necesidades puedes empezar a abordar que te ayuden a cultivar relaciones con aquellas personas alejadas de Dios?

_____

_____

_____

_____

¿QUE RECEPTIVOS SON LAS PERSONAS DE TU CAMPO?

Clasifica la receptividad general de las personas de tu campo en una escala del 1 al 5, siendo 5 las más receptivas y 1 las que menos.

1   2   3   4   5

3. ¿CÓMO ESTÁS ORANDO POR TU CAMPO?

Ahora que has identificado a las personas de tu campo, es fundamental que empieces a orar para que Dios trabaje en tu campo. No olvides que alcanzar a las personas es una obra sobrenatural de Dios.

¿QUIÉNES SON LAS PERSONAS QUE PUEDEN ORAR CONTIGO?

Enumera a continuación a los creyentes de tu campo que pueden unirse a ti en la oración. Jesús necesitaba un equipo de amigos afines para que orasen con Él, y tú también.

_____

_____

_____

_____

¿DÓNDE VES A DIOS TRABAJANDO?

Enumera a continuación en qué ocasiones ves a Dios trabajando en las vidas de las personas a las que tratas de alcanzar.

_____

_____

_____

_____

¿DE QUÉ MANERAS PUEDES COOPERAR CON DIOS EN LO QUE HACE?

Enumera a continuación cosas prácticas que puedes hacer para empezar a cooperar con Dios en el trabajo que está haciendo.

_____

_____

_____

_____

¿CUÁLES SON LOS SIGUIENTES PASOS QUE DEBES DAR?

En el momento de orar, no olvides obedecer los designios del Espíritu cuando le hable a tu corazón.

_____

_____

_____

_____

4. ¿QUIÉN ES LA PERSONA DE PAZ?

Mientras abordas necesidades y cultivas relaciones con los creyentes y no creyentes de tu campo, procura buscar a una «persona de paz». Se trata de una persona que está abierta a tu mensaje, y que a su vez te abre las puertas para compartirlo con otras personas.

¿ALGUIEN HA MOSTRADO INTERÉS?

¿Has tenido conversaciones con alguien de tu campo que haya mostrado un interés personal en ti o un interés espiritual en tu mensaje? Si es así, especifícalo.

_____

_____

_____

_____

SI ES ASÍ, ¿CÓMO PUEDES FORJAR ESA RELACIÓN?

¿Qué puedes hacer para pasar más tiempo con esa persona? ¿Podéis quedar para comer? ¿Cuáles son sus necesidades? ¿De qué maneras puedes ayudar a esta persona a explorar y buscar respuesta a sus preguntas espirituales?

_____

_____

_____

_____

5. ¿CÓMO PUEDES COMPARTIR MEJOR EL EVANGELIO?

Una vez que hayas cultivado relaciones, es el momento de esparcir la semilla del Evangelio. Responde estas preguntas para ayudarte a desarrollar una estrategia con la que compartir el Evangelio en tu campo.

¿QUIÉN SE MUESTRA CON CORAZON EN DURECIDO? (Cerrado, indiferente u hostil).

_____

_____

_____

_____

¿QUIÉN SE MUESTRA SUPERFICIAL? (Abierto, pero poco dispuesto a buscar a Jesús).

_____

_____

_____

_____

¿QUIÉN SE MUESTRA DISTRAÍDO? (Abierto, pero distraído con preocupaciones, riquezas o placeres).

_____

_____

_____

_____

¿QUIÉN SE MUESTRA RECEPTIVO? (Entusiasmado y creciendo en Jesús).

_____

_____

_____

_____

¿A QUÉ EVENTOS PODRÍAS INVITAR A TUS AMIGOS?

_____

_____

_____

_____

¿A QUIÉN DEBERÍAS INCLUIR EN TU LISTA DE «CINCO PRINCIPALES»?

_____

_____

_____

_____

6. ¿CÓMO PUEDES COOPERAR CON TU IGLESIA?

Alcanzando a las personas es un trabajo en equipo, y tu iglesia cuenta con recursos específicos para ayudarte a alcanzar a las personas de tu campo y otras personas de todo el mundo. Responde las preguntas siguientes para identificar maneras de cooperar con tu iglesia.

¿QUÉ RECURSOS OFRECE TU IGLESIA PARA AYUDAR A RESPONDER PREGUNTAS ESPIRITUALES?

_____

_____

_____

_____

¿A QUÉ GRUPOS PUEDES UNIRTE PARA QUE TE AYUDEN A ALCANZAR EN TU CAMPO?

_____

_____

_____

_____

¿QUÉ OPORTUNIDADES TE OFRECE TU IGLESIA PARA ABORDAR LAS NECESIDADES DE TU COMUNIDAD?

_____

_____

_____

_____

¿QUÉ OPORTUNIDADES TE OFRECE TU IGLESIA PARA COMPARTIR EL EVANGELIO MÁS ALLÁ DE TU COMUNIDAD?

_____

_____

_____

_____